Clase de Dibujo

Figuras humanas

Dibujo al natural

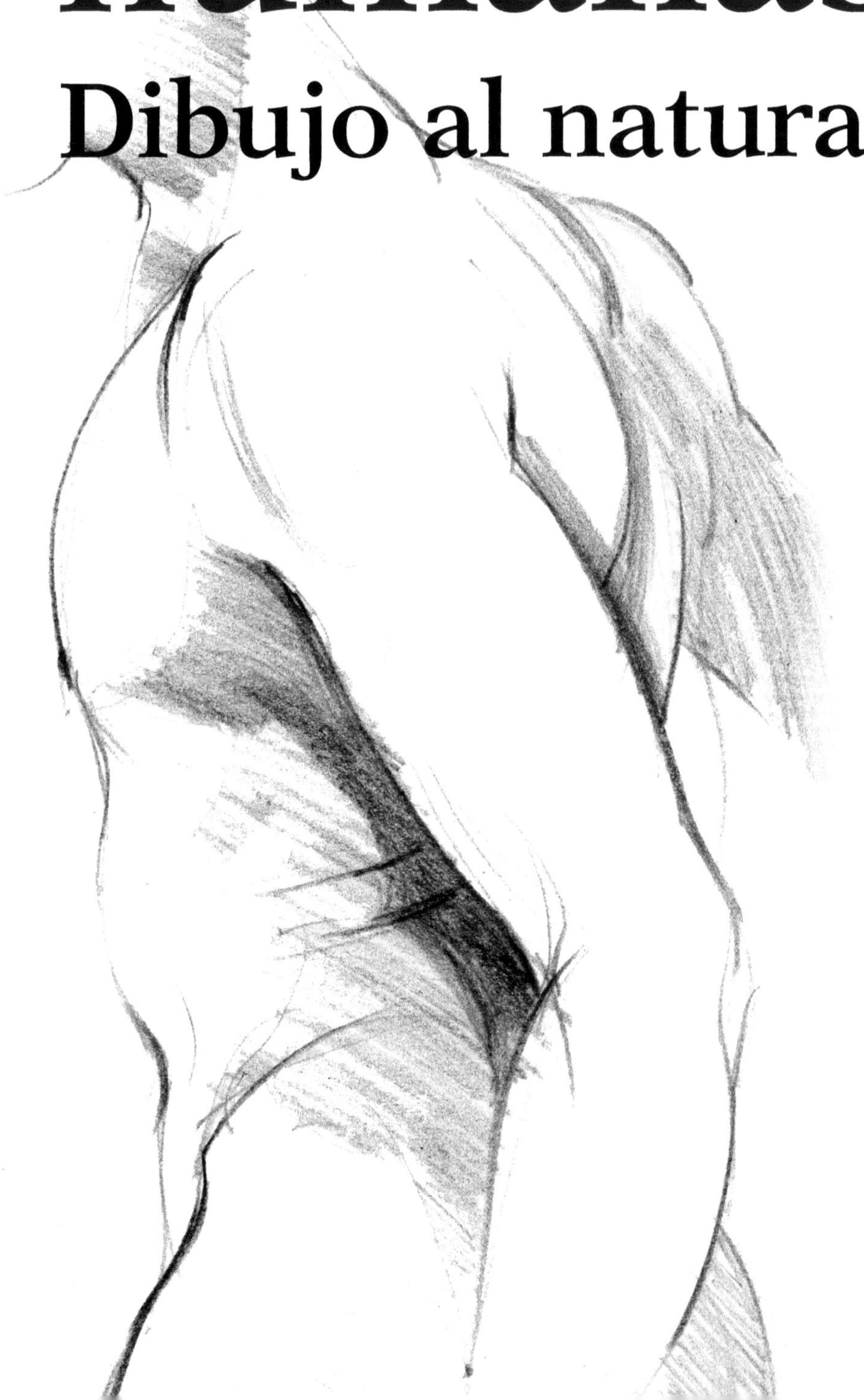

Dedicatoria

A mis padres, Grace y Fred Armer, y a Alan Swapp, profesor de dibujo, que me inspiró y me animó a ir a la escuela de arte en el año 1971.

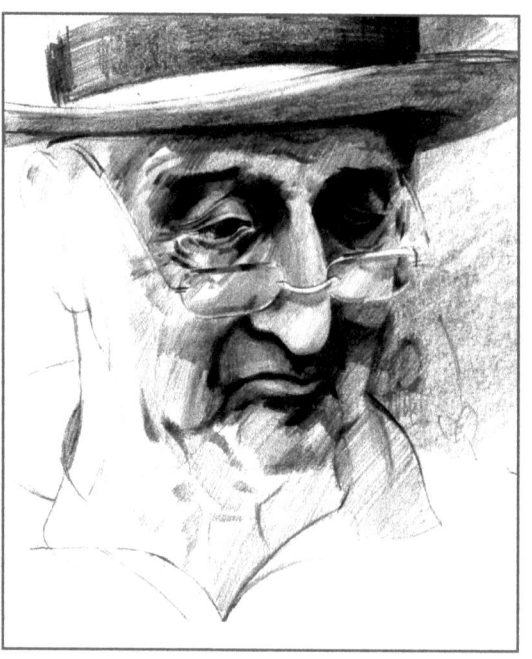

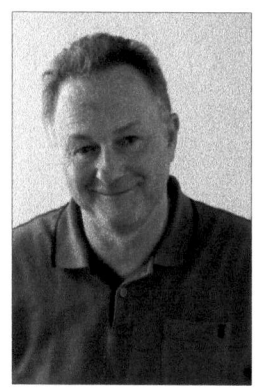

Tras graduarse en la escuela de arte en 1975, durante treinta años Eddie Armer se dedicó profesionalmente al diseño gráfico, pero durante todo ese tiempo el dibujo al natural fue una práctica habitual para él. En el año 2005 decidió dejar de lado su carrera de diseño y centrarse plenamente en sus dos grandes pasiones, la música y el arte. Eddie formó el grupo artístico *Tudeley Art Group* en 2003 y desde entonces ha dirigido numerosos talleres de dibujo al natural en Londres, Kent e Italia (Toscana) en prestigiosas instituciones como el *Topolski Century* y el *Courtauld Institute of Art*. Su amor por la música, el arte y el diseño le han llevado a recorrer Norteamérica, Brasil, Italia, Hong Kong, Finlandia y Sri Lanka.

Clase de Dibujo
Figuras humanas

Dibujo al natural

Eddie Armer

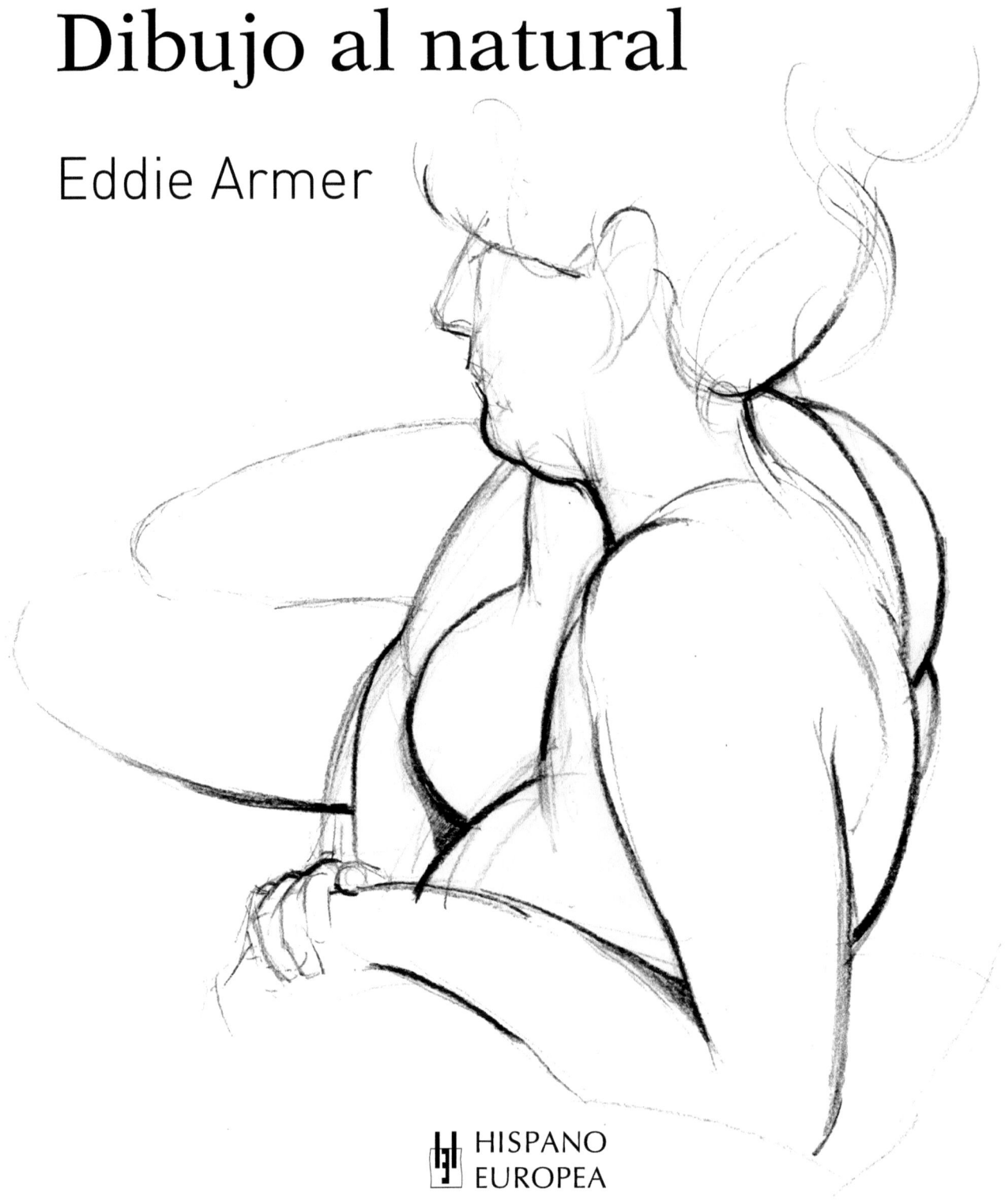

HISPANO
EUROPEA

Título de la edición original:
Life Drawing

Publicado por primera vez en lengua inglesa por:
Search Press Limited
Wellwood, North Farm Road,
Tunbridge Wells, Kent TN2 3DR

© del texto e ilustraciones: Eddie Armer

© Fotografías: Search Press Limited

© de la edición en castellano:
Editorial Hispano Europea, S. A.
Barcelona, España
E-mail: hispanoeuropea@hispanoeuropea.com

© de la traducción: Esther Gil

Depósito Legal: B. 2563-2015

ISBN: 978-84-255-2112-6

Consulte nuestra web:

www.hispanoeuropea.com

Impreso en España

Agradecimientos

Gracias a Clelia Rinaldi, Bernie Grandison,
Andrea Jameson y Martin Lubikowski por su
apoyo. También a los talleres que, sin ningún
tipo de trabas, he podido llevar a cabo en los
últimos años, y entre los que me gustaría
destacar *La Capella* (Glenda Richardson, Pierra y
Lorenzo Barberi), *Topolski Century* (Anna Blaisik)
Courtauld Institute Students' Union (Daisy Jones),
Goldsmid Hall y *Search Press*. Asimismo, quiero
dar las gracias a todos los modelos excelentes
con los que he trabajado a lo largo de los años,
incluyendo los que aparecen en este libro: Anne,
Dee, Eve, Jane, Joanna, Kimberley, Leticia, Lydia,
Moss, Nelly, Sharon, Tom y Quilici.

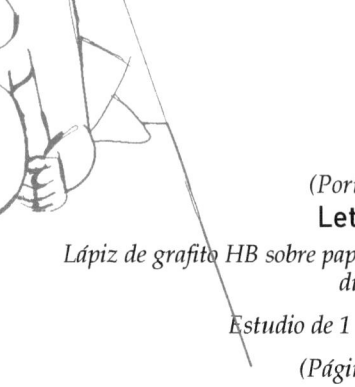

(Portada)
Leticia
*Lápiz de grafito HB sobre papel de
dibujo.*

Estudio de 1 hora.

(Página 1)
Torso masculino
Lápiz de cera sobre papel de periódico.

Posado de 10 minutos.

(Página 3)
Torso de escorzo
*Lápiz de cera sobre papel de dibujo.
Estudio de 1 hora.*

(Página del índice)
Figura femenina
*Dibujo de una pose de 2 minutos hecho
con carboncillo.*

Índice

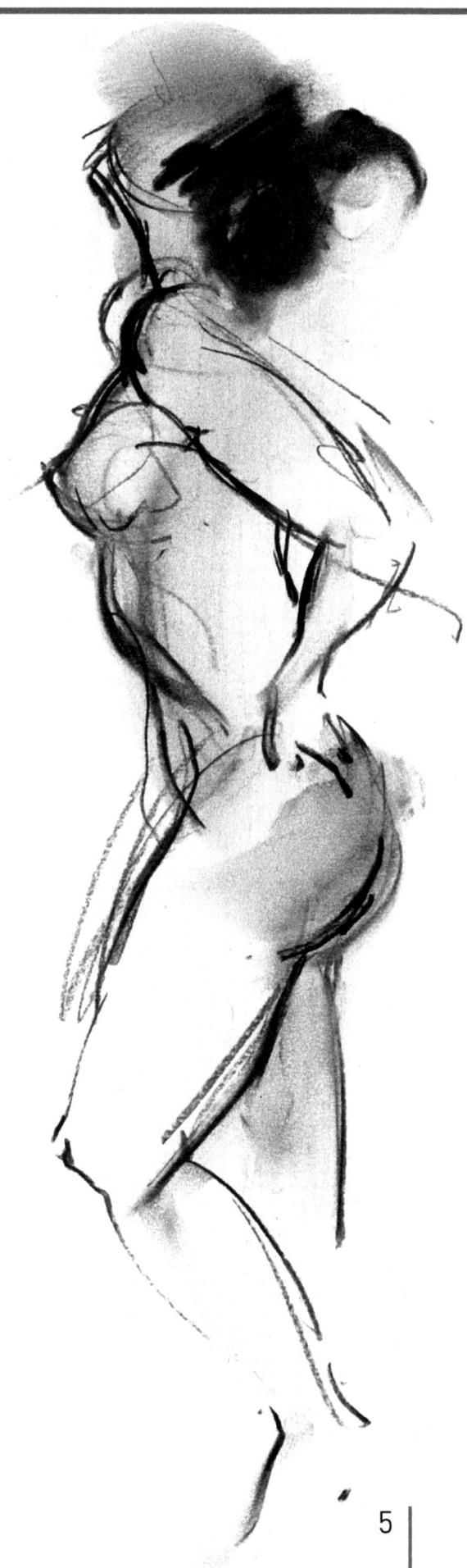

Introducción

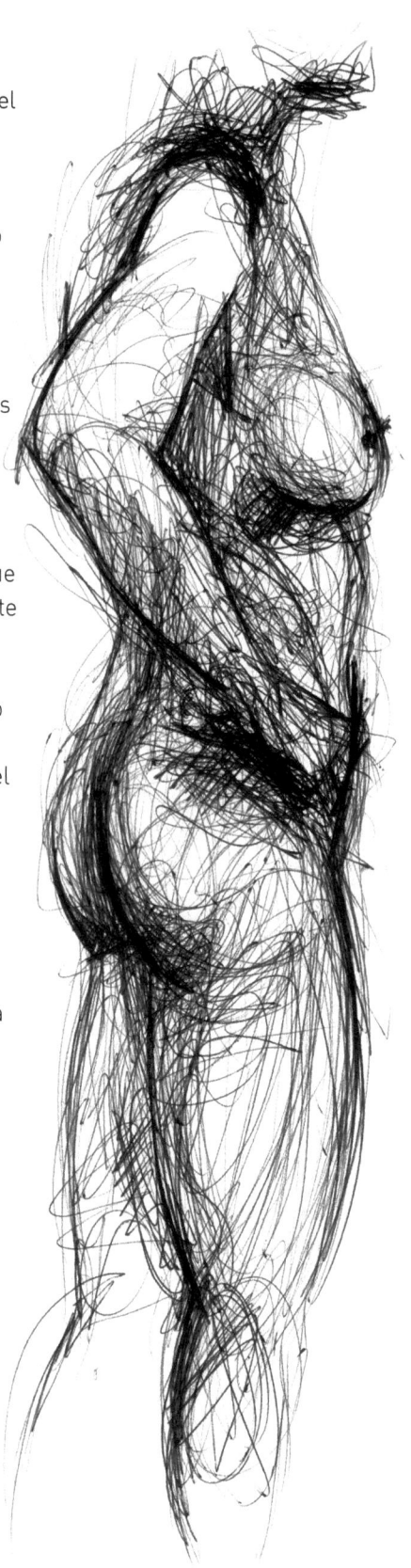

Dibujo con garabatos con bolígrafo sobre papel de dibujo. Pose de 30 minutos.

¿Por qué es el dibujo al natural tan importante para el artista visual? Poder dibujar con precisión lo que tenemos delante, ya sea un árbol, un jarrón o un figura humana es una parte fundamental del concepto de artista y, sin duda, la forma humana es la que implica mayores retos de todos los objetos de dibujo. No hay mejor modo de entrenar la coordinación de la mano, el ojo y el cerebro que desarrollar los poderes de observación y asistir a un taller de dibujo al natural. No solo consiste en aprender a trazar el cuerpo humano con precisión, sino que también aprendemos a traducir el complejo mundo tridimensional y a representarlo en dos dimensiones para confinarlo en una hoja de papel.

En este libro te voy a mostrar unas técnicas de dibujo y disciplinas que son las que utilizo al trabajar al natural. Los resultados a veces resultan espontáneos y vagos, o más trabajados y acotados dependiendo del día, de mi estado de ánimo y ¡del modelo!

Los modelos son indiscutiblemente una parte esencial del proceso de dibujo, así que siempre intento trabajar con personas que ya tengan experiencia. Si trabajas con modelos sin ella, seguramente les resultará difícil mantener una pose y puede que ni siquiera sepan cómo utilizar sus cuerpos para retar al artista, por ejemplo, mostrando un cuerpo bajo tensión, en pose relajada, en movimiento o haciendo un gesto concreto. Los modelos profesionales también saben proyectar sus personalidades y facilitan la colaboración con el artista. Por estas razones a menudo recurro a bailarines, actores o artistas de algún tipo para mis talleres.

Trabajar a partir de fotografías también tiene su lugar en el mundo artístico, y copiar una imagen te permitirá perfeccionar tus capacidades con los lápices, pero de ninguna manera puede considerarse un sustituto del dibujo al natural. En una fotografía, la cámara ya ha hecho el trabajo de captar la imagen y de reproducirla en un medio plano de dos dimensiones. Tú, como artista, deberás ocupar el lugar de la cámara y determinar cómo vas a representar el tono, las líneas, las proporciones, el espacio y la distorsión visual mediante una visión de escorzo u otra perspectiva.

Gracias a la práctica del dibujo al natural he aprendido no solo a mirar, sino también a ver. Aprender a entender cómo funciona la mente me ha ayudado a liberarme y a modificar mi enfoque ante un dibujo. Por ejemplo, adentrarse en el hemisferio cerebral derecho —que permite trabajar rápida e intuitivamente— crea dibujos espontáneos, mientras que el hemisferio izquierdo trabaja con consideraciones minuciosas y cautelosas. Los músicos, cuando improvisan, no piensan en lo que van a tocar, sino que crean música espontáneamente. Esto demuestra que su actividad principal se está desarrollando en el hemisferio derecho. En contraposición, un músico clásico produce música leyendo e interpretando una partitura de un modo controlado, demostrando así una hegemonía del hemisferio izquierdo. La misma analogía puede aplicarse al dibujo. Auguste Rodin (1840-1917) fue capaz de trabajar de maneras muy contrapuestas. Su obra maestra en escultura *El beso* solo pudo ser concebida mediante la contemplación y minuciosos cálculos, pero Rodin también abogaba al mismo tiempo por el dibujo espontáneo. Sin mirar al papel, Rodin era capaz de producir trazos libres, a menudo esbozos eróticos, captando así el gesto de la modelo, eliminando el fondo y pasando rápidamente de una postura a la siguiente.

El objetivo de este libro es animarte a plasmar la forma humana de distintos modos. Con el dibujo al natural se trata de aprender a interpretar el mundo gracias a la observación minuciosa y a la liberación de la mente.

Aquí mostraré varios enfoques ante un dibujo al natural y una serie de técnicas y disciplinas que te ayudarán a dar fuerza y variedad a tus trabajos.

Por último, conviene recordar que el dibujo al natural no es un proceso diseñado para producir maravillosas obras artísticas. El valor intrínseco de un dibujo al natural reside en el proceso, y el dibujo es solo un subproducto. El trompetista de *jazz* Miles Davis creía que «No hay errores en el arte», y estoy totalmente de acuerdo. Siempre y cuando estés concentrado al dibujar, comprenderás y entenderás mejor el mundo visual y quizás acabes produciendo un buen dibujo.

También me gustaría añadir un comentario sobre desarrollar el estilo personal. Copiar meramente al natural no es suficiente, ni tampoco producir un trabajo interesante o individual. Intenta expresarte mediante una respuesta emocional ante el sujeto. Antes de empezar un dibujo al natural pocas veces decido qué medio voy a utilizar, el tamaño o el enfoque estilístico. Sé que tengo muchas elecciones ante mí y, en función de mi ánimo ese día, del modelo, de la iluminación y de la pose, tomo las decisiones. Mi estado de ánimo me dictará si voy a hacer un dibujo rápido e intuitivo o si, por el contrario, voy a hacerlo de manera más trabajada y minuciosa. Dibuja como te sientas y no lo que veas. Poco a poco irá emergiendo tu estilo personal; no intentes cultivarlo, ya que aparecerá por sí mismo.

Figura ejecutada al estilo de los dibujos espontáneos al natural de Rodin.

Dibujo con bolígrafo sobre papel de dibujo. Pose de 20 minutos.

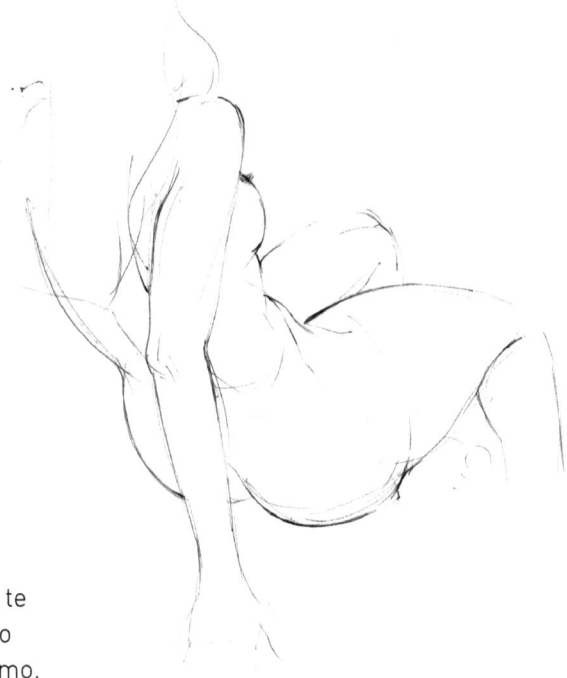

La historia del dibujo al natural

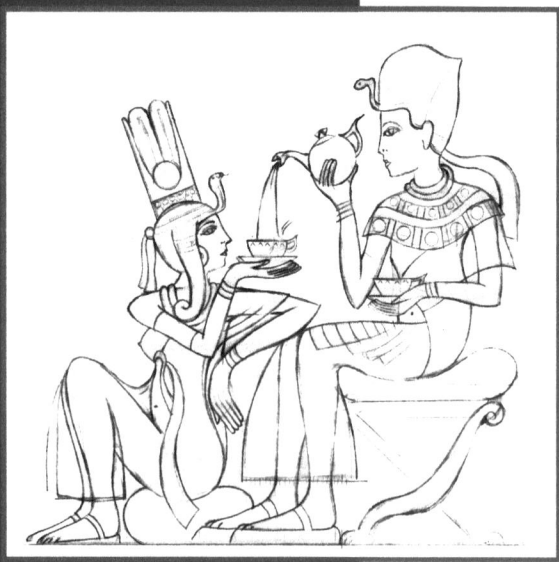

Figuras dibujadas al estilo egipcio.

Estudio de una cabeza de perfil al estilo de Leonardo da Vinci.

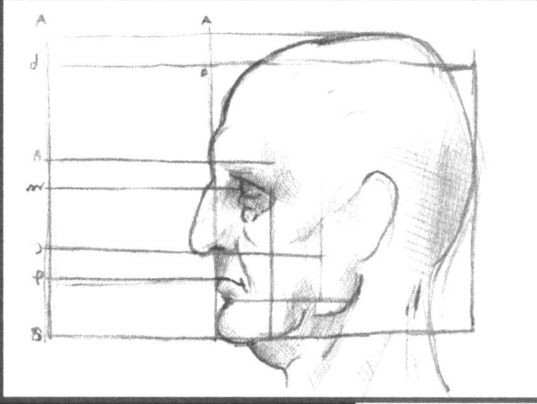

La raza humana lleva dibujando la forma humana desde que los hombres prehistóricos trazaron con palos en las cuevas unas figuras de hombres. En épocas antiguas, los egipcios —que no tenían concepto de escorzo— dibujaban una combinación de puntos de vista frontales y laterales en una figura. Los hombros se dibujaban de frente y también los ojos, pero la cabeza, las piernas y los pies se dibujaban de lado (véase a la izquierda, mi dibujo al estilo egipcio).

El mismo concepto se encuentra en las primeras imágenes griegas que, aunque estaban más desarrolladas, seguían siendo muy estilizadas y planas. En la época romana, el escorzo empezó a aparecer en los dibujos, ayudando a crear profundidad y realismo.

Hay evidencia escrita de que los bocetos al natural eran ya una práctica establecida en el s. XIII, pero hasta la época del Renacimiento italiano no hallamos evidencias científicas ni análisis de artistas sobre anatomía humana.

Leonardo da Vinci (1452-1519) produjo muchos estudios y teorías sobre el funcionamiento del cuerpo humano, así como cálculos matemáticos para demostrar sus proporciones y la relación entre ellas. Alberto Durero (1471-1528) trató el mismo tema en sus cuatro libros sobre las proporciones humanas, publicados poco después de su muerte.

En torno al año 1585, el pintor italiano Ludovico Carracci (1555-1619) fundó la *Accademia degli Incamminati*, en Bolonia, en la que situó al dibujo al natural como disciplina central y estableció las pautas para todas las academias de arte que irían surgiendo después.

Había un malentendido entre sexualidad y expresión artística, de modo que se confundía voyerismo con retos artísticos. Tenemos que agradecer que, hoy en día, podamos dibujar a modelos femeninas al natural sin tener que recurrir a efebos con pechos falsos, como solía suceder durante el Renacimiento. Seguramente Miguel Ángel nunca pudo dibujar una mujer desnuda al natural. Hacia finales del s. XIX, en las escuelas de arte europeas finalmente se permitió asistir a clases de dibujo al natural a las mujeres artistas. Asimismo, los modelos al natural ya no tenían que cubrirse la cara pero aun así, las instituciones seguían insistiendo en que los modelos masculinos se tapasen los genitales.

El dibujo al natural ha vuelto a recuperar su popularidad en los últimos años y los artistas valoran mucho esta práctica de dibujo humano en directo. Espero que este libro estimule tu creatividad y te ayude a mejorar tu capacidad artística. Recuerda que la creatividad consiste en cometer errores y que el arte está en saber qué errores queremos perpetuar.

Dibujo al natural al estilo del Hombre de Vitruvio, de Leonardo da Vinci.

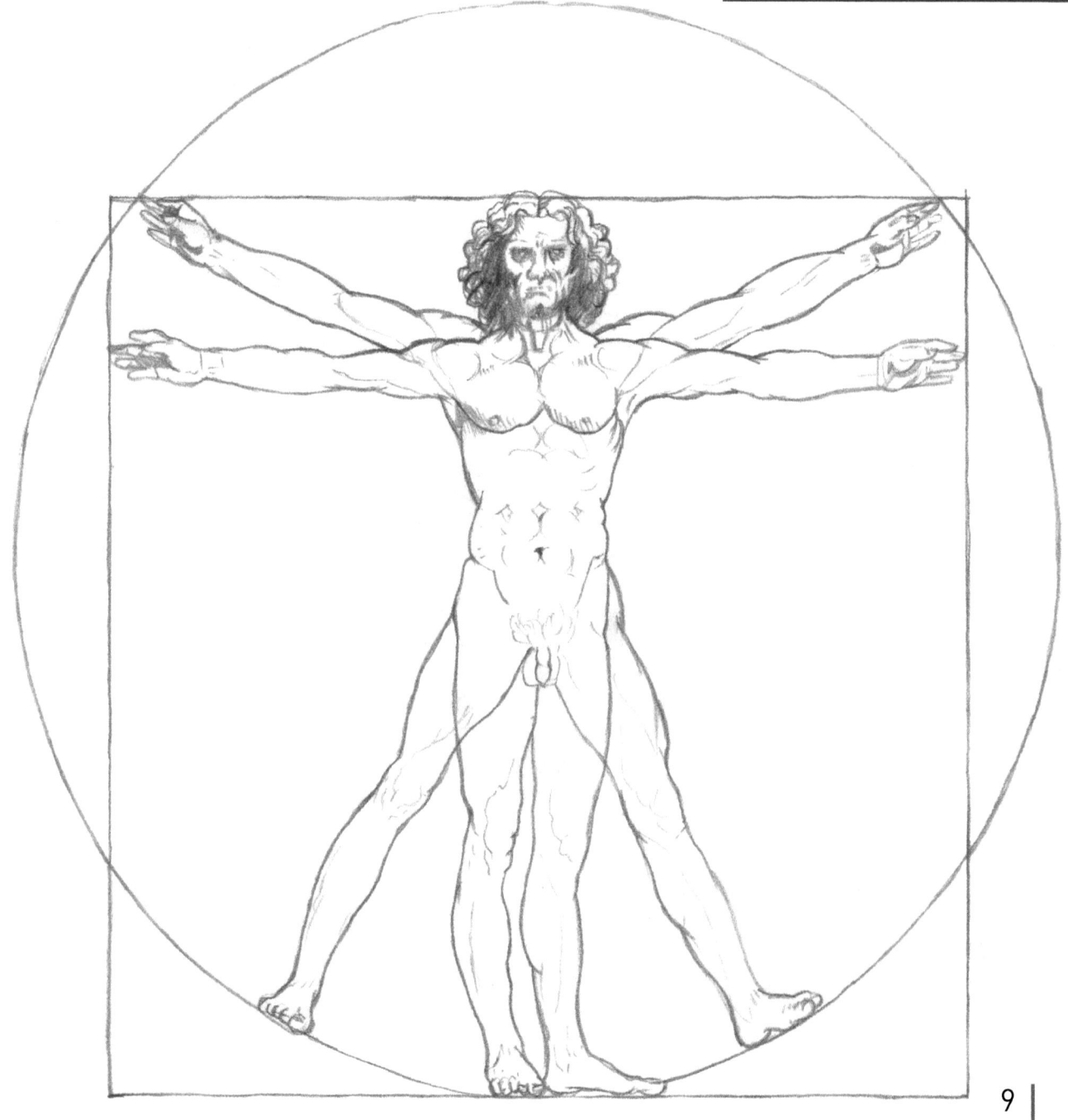

Material

Conviene que dispongas de una serie de herramientas de dibujo y diferentes tipos de medios para probar diferentes técnicas y estilos. Algunos materiales resultan más idóneos que otros para determinadas tareas.

LÁPICES DE GRAFITO

El lápiz de grafito es muy versátil, y en las manos correctas se convierte en una herramienta de precisión. Existe una gran variedad de este tipo de material pero hay que tener en cuenta que la calidad también puede variar. Los lápices baratos pueden producir líneas irregulares y romperse con facilidad, así que es mejor decantarse por marcas de calidad. Es una herramienta que no es cara y conviene hacer una mínima inversión.

Una combinación de polvo de grafito y barro conforman el centro. Un lápiz duro, como el 6H, es prácticamente barro con un poco de grafito, mientras que uno blando como el 6B es prácticamente grafito y producirá líneas muy oscuras que es fácil que se corran.

Para hacer esbozos, el 4B, el 2B y el HB son los más comunes, pero la franja de duro a blando va desde el 6H (los más duros) hasta el 6B (los más blandos). Sin embargo, incluso pueden encontrarse lápices que van desde el 9B hasta el 9H. Muchas marcas de lápices poseen un extremo de color para que sea más fácil reconocerlos.

Para tener buenas herramientas, afila la punta de los lápices de tres maneras diferentes: bien afilados para los detalles, una punta redondeada para dibujar en general —ya que te permitirá borrar fácilmente— y por último, un lápiz afilado en un ángulo bajo para exponer más la punta. Así te irá genial para sombrear zonas grandes, sosteniendo el lápiz por el lateral.

Hay unos cúteres especiales para sacar punta y, si realmente necesitas que esté muy afilado, también puedes utilizar un papel de lija. Cuando el lápiz ya esté muy gastado y se haya quedado pequeño, descártalo, porque es difícil trabajar así.

También se pueden adquirir bloques o barritas de grafito puro. Son excelentes para difuminar y mezclar tonos y están disponibles desde HB hasta 9B.

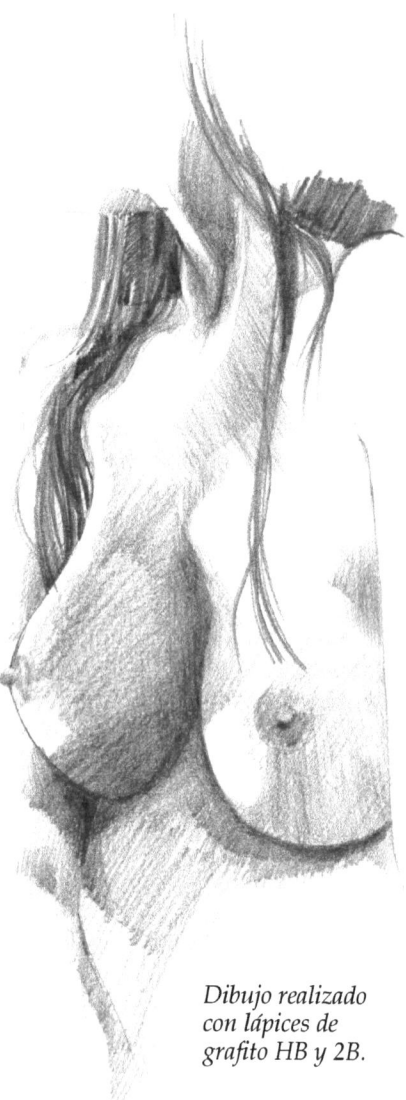

Dibujo realizado con lápices de grafito HB y 2B.

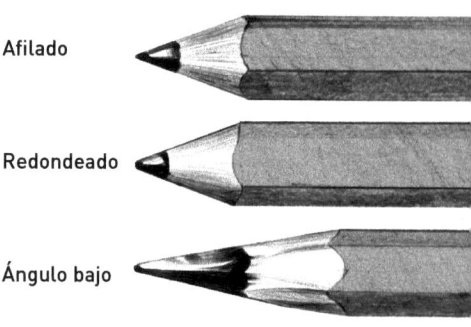

Afilado

Redondeado

Ángulo bajo

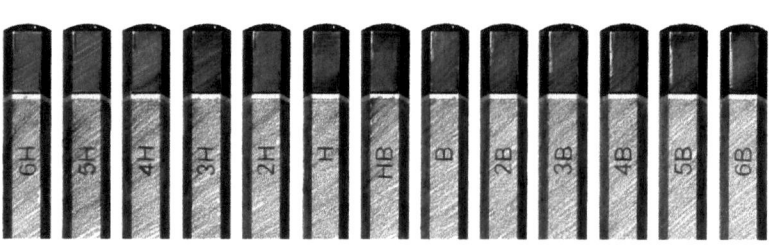

BOLÍGRAFO

Estoy refiriéndome al bolígrafo con el que escribimos y que se puede comprar en paquetes, muy barato, en cualquier papelería o supermercado. No parece que sea una herramienta específica de dibujo, pero me encanta la libertad que me otorga el bolígrafo cuando su punta se desliza sobre el papel. Va muy bien para bocetos rápidos, libres, aunque en ocasiones también los utilizo para trabajos más minuciosos. Ahora bien, aquí no hay vuelta atrás, ya que no se puede borrar, así que tendrás que poner a prueba tu valentía.

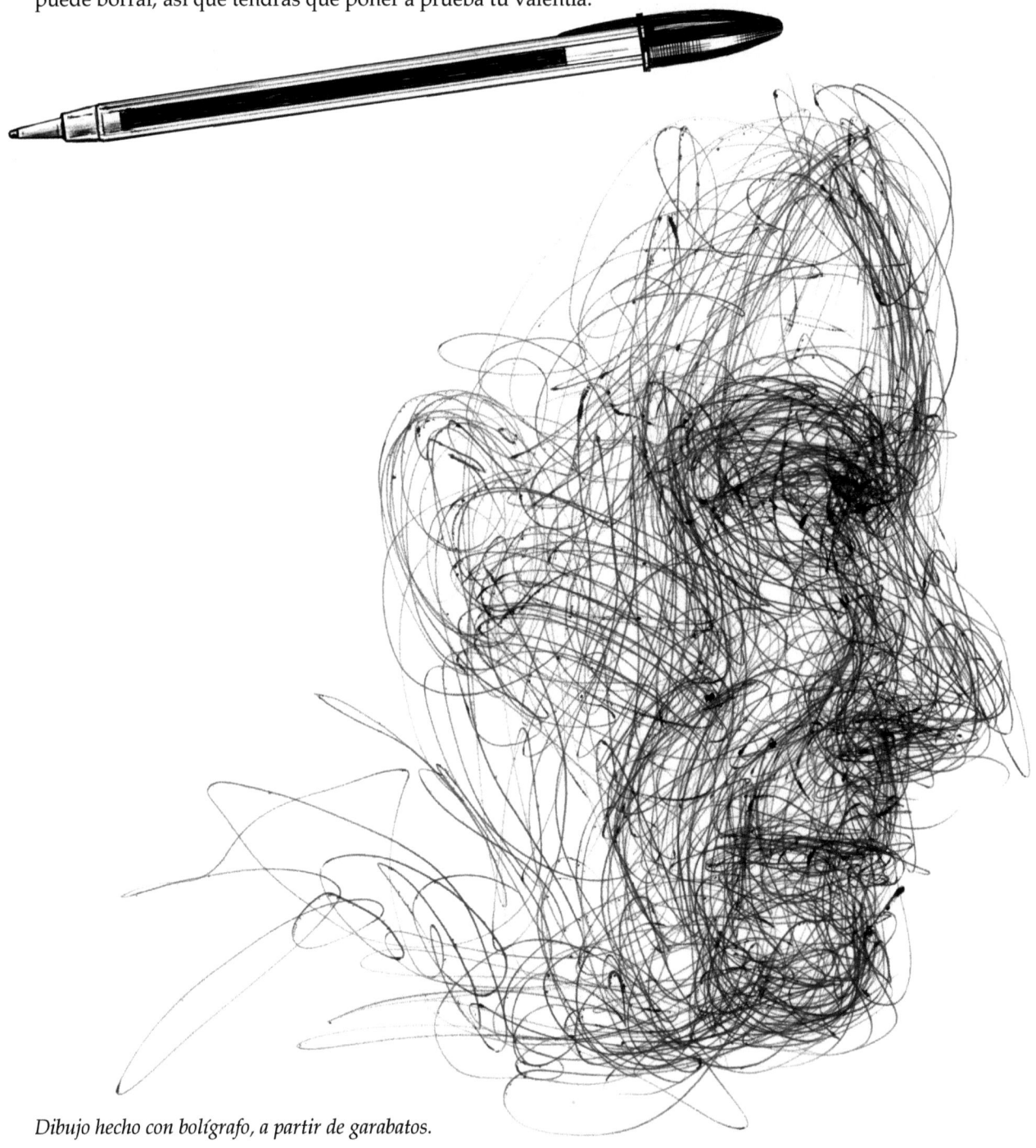

Dibujo hecho con bolígrafo, a partir de garabatos.

LÁPIZ DE CERA

Los lápices de cera se pueden comprar en tiendas de arte, pero también puedes utilizar uno de esos lápices baratos de cera que utilizan los niños. Una ventaja del lápiz de cera es que no necesitarás aplicar un espray fijador al dibujo. Es indicado para esbozos rápidos y oscuros, con imágenes que contrasten. La cera no se puede borrar pero se puede disolver con gas para mecheros para conseguir efectos. Ten en cuenta que los lápices de cera pueden fundirse si están expuestos directamente a los rayos de sol, como me pasó a mí, un día caluroso en la Toscana.

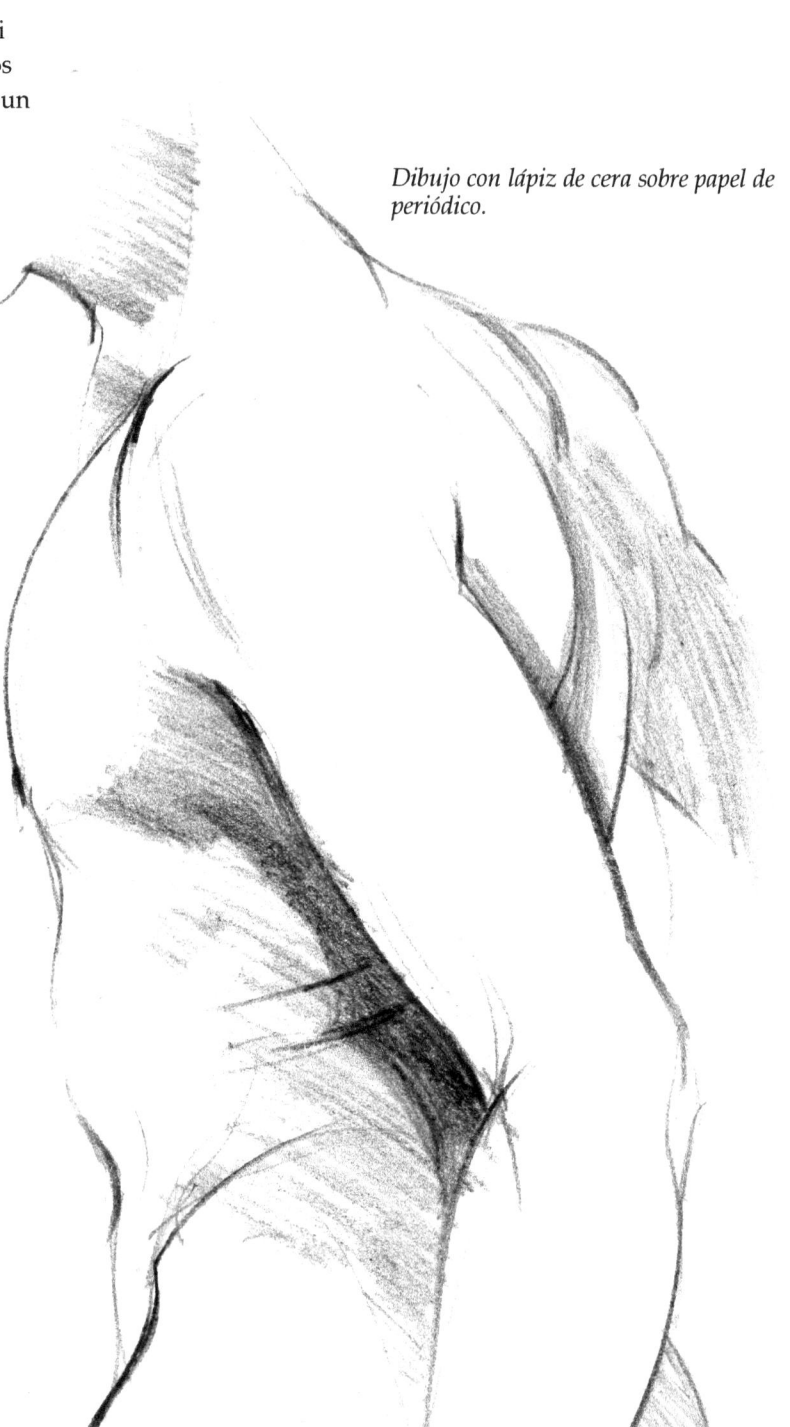

Dibujo con lápiz de cera sobre papel de periódico.

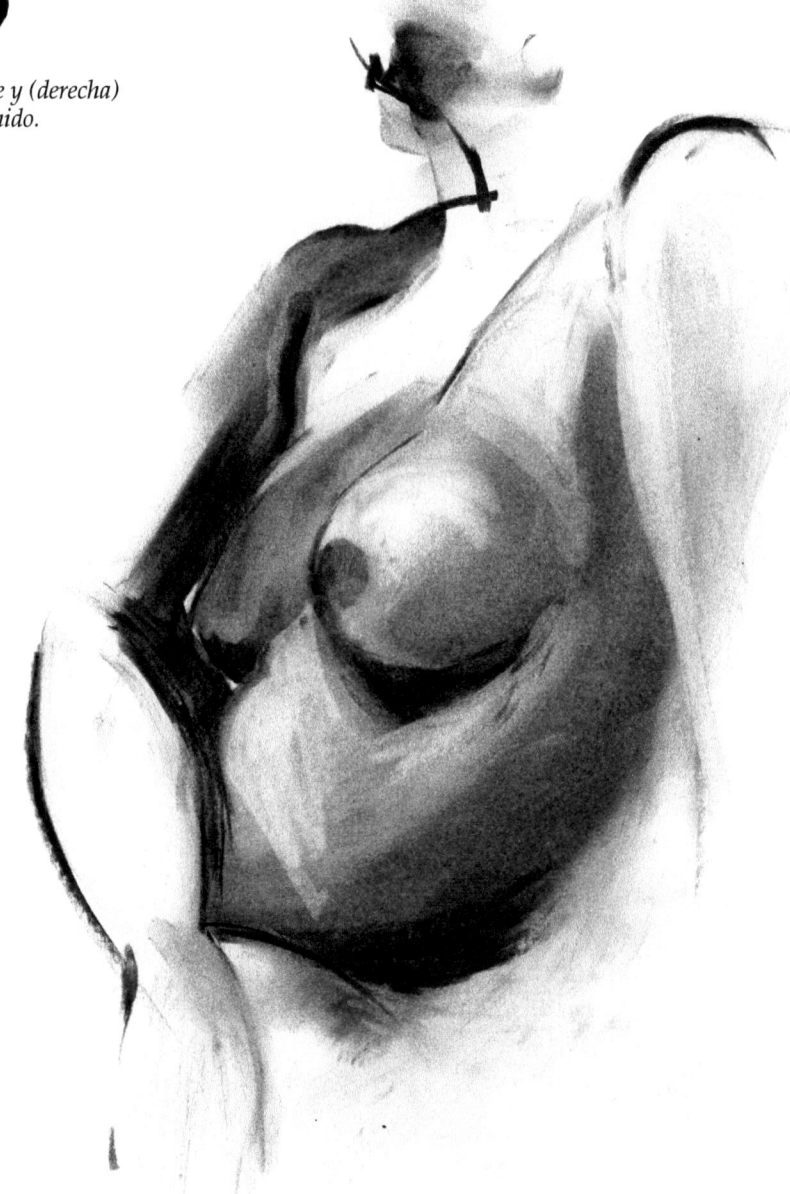

BARRITAS DE CARBONCILLO

El carboncillo está hecho de cal, sarmientos o ramas de sauce carbonizadas. Las barritas están disponibles en numerosos tamaños, desde muy finos hasta bastante gruesos, y también pueden ser más o menos duros. Con el carboncillo se puede cubrir muy rápido zonas muy amplias, y es especialmente apropiado para captar el tono.

Se puede utilizar una goma dura para dibujar sobre el carboncillo y lograr reflejos, o también una masilla de goma de borrar para eliminar cualquier marca indeseada de este material. En ausencia de una goma, parece ser que un trozo de miga de pan blanda también va bien.

El carboncillo comprimido —que produce unas líneas mucho más oscuras y profundas— está disponible en barra o en forma de lápiz.

Carboncillo de sauce y (derecha) carboncillo comprimido.

Dibujo hecho con carboncillo.

PAPEL

En general, es mejor evitar los papeles con algún tipo recubrimiento, ya que los papeles sin este son mucho más apropiados para los distintos medios que utilicemos para pintar. La elección del papel es importante, y sin duda influirá en la técnica de dibujo; por ejemplo, si debe quedar más rugosa o más lisa, así que experimenta con las distintas superficies.

El papel de periódico barato es excelente para dibujar con ceras y no tiene ningún recubrimiento pese a contar con cierto brillo que hace que la cera se deslice bien sobre la superficie. La única desventaja de este tipo de papel es que los colores se van debilitando con el tiempo, pero es ideal para plasmar poses rápidas y hacer ejercicios preliminares de calentamiento. La superficie del papel tiene tendencia a ondularse dependiendo de la humedad, pero si haces un dibujo que merezca la pena enmarcar, siempre puedes montarlo sobre una superficie, de modo que quede bien liso. Hay que tener en cuenta que este tipo de papel no es adecuado para dibujar con lápiz ni con carboncillo.

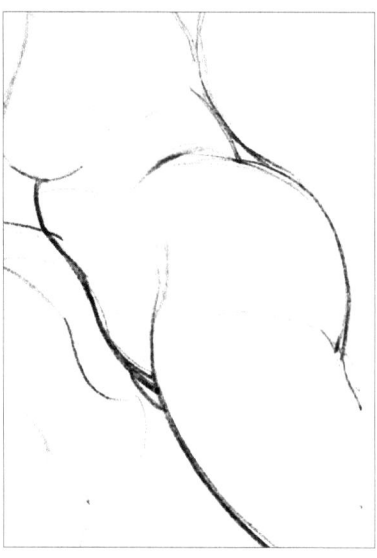

Lápiz de cera sobre papel de periódico.

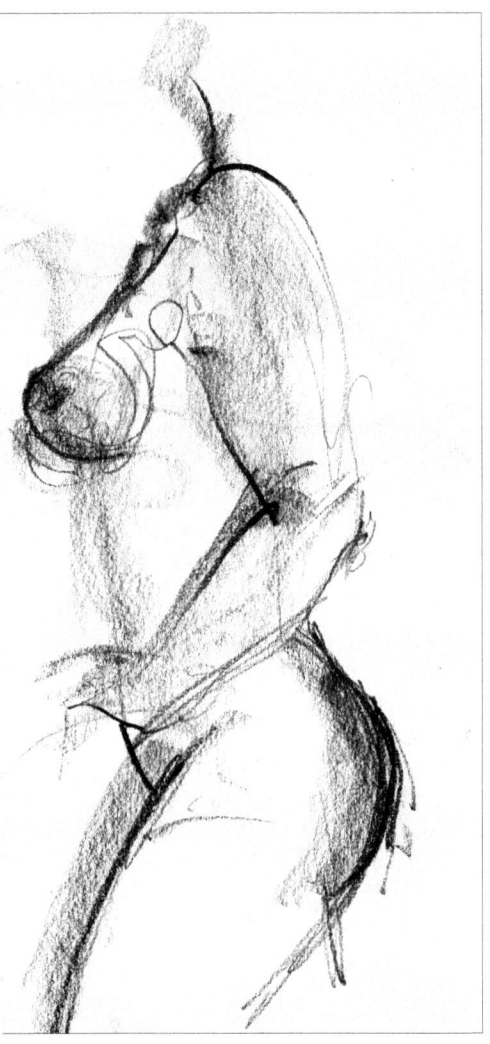

El papel de dibujo no tiene recubrimiento y su peso está entre los 150 y los 300 g/m^2 (70-140 lb). Está libre de ácidos y se realiza a partir de harapos, madera o distintos tipos de grama. Este papel, que originariamente se utilizaba para cartuchos de armas, se puede conseguir en acabado liso o rugoso. Un papel de dibujo con superficie suave responde muy bien al carboncillo comprimido y permite producir tonos sutiles al difuminar el carboncillo con el dedo o con la palma de la mano; ahora bien, no es tan idóneo para barras de carboncillo, sino que, en este caso, un papel con un poco de granulado hará que el carboncillo y el grafito funcionen mejor.

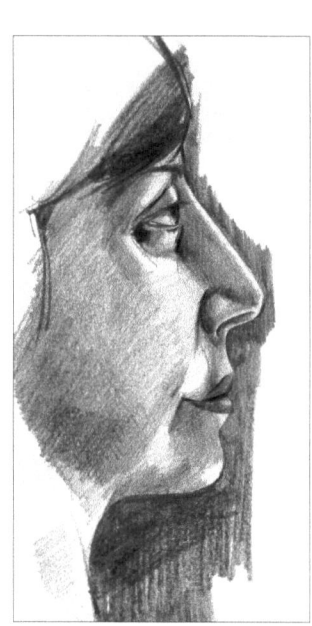

Lápiz sobre papel de dibujo liso.

Si vas a utilizar grandes cantidades de papel, contacta con alguna fábrica papelera. Una resma (500 hojas) será la cantidad mínima que te vendan y el papel puede que sea una resma sin cortar, lo que en realidad hará que lo aproveches mejor. Siempre que he ido a las fábricas papeleras me han atendido muy bien y el coste por hoja es considerablemente más barato que en una tienda de arte. Recuerda pedir papel sin recubrimiento.

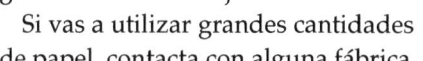

Barra de grafito sobre papel de dibujo rugoso.

BLOCS DE DIBUJO

El tamaño de un bloc de dibujo determinará el modo en que trabajes, así que intenta no utilizar uno que sea demasiado pequeño. Yo prefiero un bloc de tamaño A4, con espiral y de 150 g/m² (70 lb) de papel de dibujo liso. Es perfecto para hacer dibujos con lápiz o con bolígrafo. Asegúrate de que los blocs tengan un cartón grueso al final que te sirva de apoyo y de protección. Podrás encontrar infinidad de blocs en las tiendas de arte y en algunas papelerías.

   Todos los dibujos de esta página están hechos con papel de dibujo liso de un bloc.

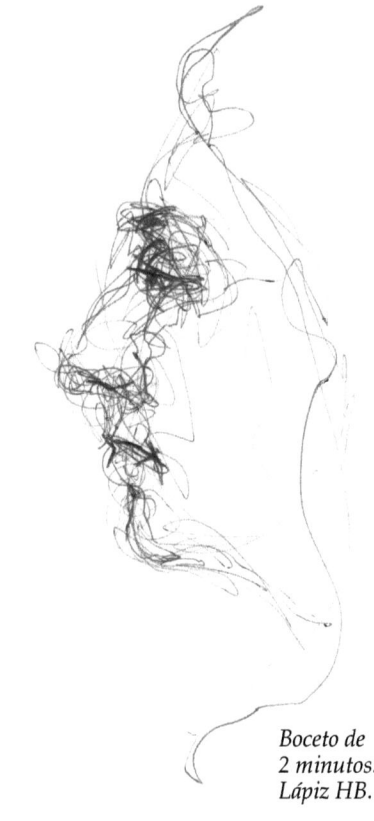

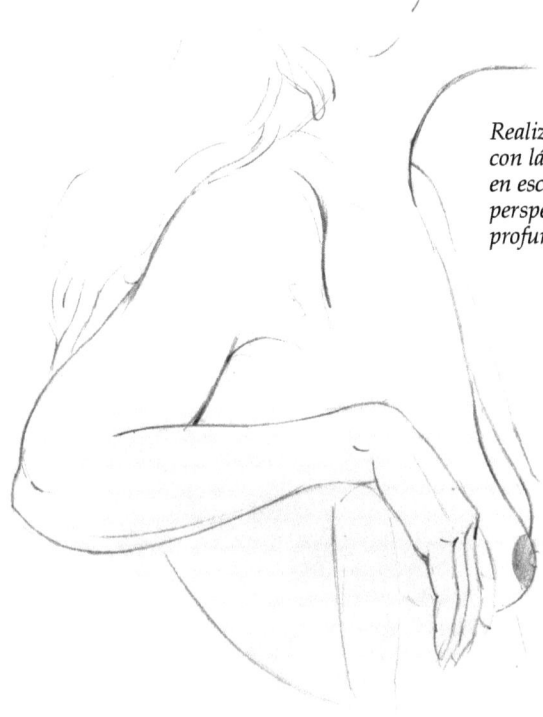

Realizado en 30 minutos con lápiz HB. Visión en escorzo y uso de la perspectiva para conseguir profundidad.

Boceto de 2 minutos. Lápiz HB.

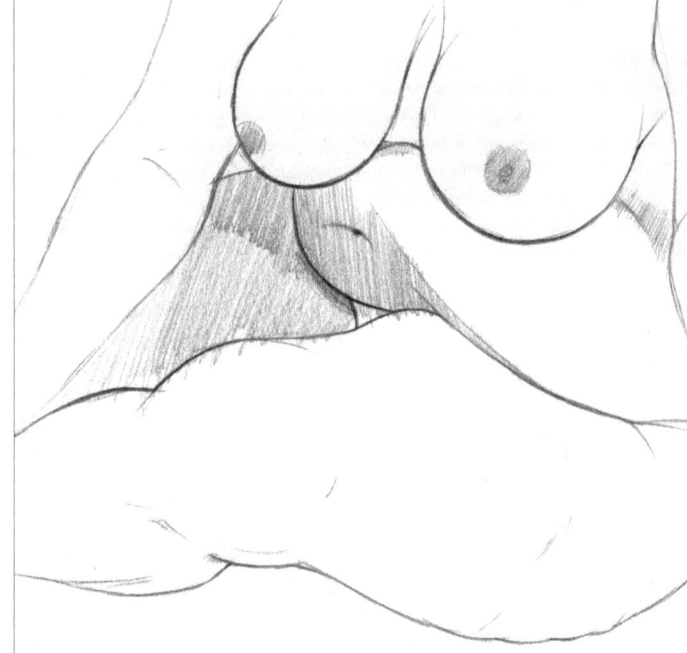

1 hora. Lápiz HB.

30 minutos, lápiz HB. La variante en el peso de la línea ayuda a definir la forma y a dar consistencia al cuerpo.

OTROS MATERIALES

Dibujar es un objetivo relativamente barato, pero aun así necesitarás una serie de materiales de apoyo para facilitarte la tarea. Puedes comprar todos estos productos en tiendas especializadas en arte, pero algunos los encontrarás incluso en papelerías o tiendas de bricolaje.

Goma dura Aparte de borrar, este tipo de gomas —a diferencia de las masillas de borrar— pueden utilizarse como herramientas de dibujo. Utilizo esta goma cuando trabajo con carboncillo o con lápiz blando para difuminar o «trazar» reflejos.

Espray fijador Dicen que la laca es una alternativa barata al espray fijador pero con cuidado, puesto que puede descolorar un dibujo y, con el tiempo, también puede reaccionar con el papel, así que, si has hecho un dibujo que te gustaría mantener, merece la pena que utilices un buen espray fijador.

Tablero de dibujo Tengo una serie de chapas finas de madera, cortadas en distintos tamaños y que llevo cuando salgo a pintar al aire libre. Son mucho más ligeras y baratas que un tablero de dibujo. Si vas a una tienda de bricolaje te cortarán una chapa del tamaño que quieras.

Difumino Es una pieza enrollada de papel de dibujo al que se le ha dado forma para producir detalles finos con carboncillo o lápiz blando, frotando con cuidado para crear tonos suaves.

Escalpelo o cuchillo sacapuntas Evita los sacapuntas, ya que se comerán el lápiz en nada y solo producirán un tipo de punta. Si utilizas un escalpelo o un cuchillo especial sacapuntas podrás dejar la punta como quieras y exponer más o menos la mina para sombrear o hacer detalles más minuciosos.

Cinta de carrocero Se emplea para sujetar el papel al tablero. Aparte de la cinta estándar puedes comprar cinta de carrocero especial que no dañe la superficie al quitarla.

Gas para mechero Es indicado para limpiar la superficie de papel y para eliminar grasa. También se utiliza para eliminar trozos de cinta adhesiva que hayan quedado, sin dañar el papel. Como herramienta creativa, experimenta utilizándolo para disolver lápices de cera o tinta de bolígrafo para crear tonalidades en el papel.

Papel absorbente de cocina Se puede utilizar para eliminar marcas de carboncillo indeseadas o para frotar el carboncillo y crear una tonalidad en el dibujo.

Pincel pequeño En vez de un difumino puedes utilizar el extremo plano del pincel para trabajar detalles minuciosos o para dar forma a las marcas de carboncillo.

Caballete El tradicional soporte de madera requiere tener la mente clara, una mano entrenada y habilidad para montarlo rápido. También hay que tener en cuenta un factor de seguridad: un trozo de cuerda. Una vez el caballete esté montado, ata una cuerda en torno a las tres patas para que no se abran mientras estés trabajando. Para trabajar en una localización me gusta más el caballete de metal tubular, ya que es más ligero y no tiene el problema de que se abran las patas.

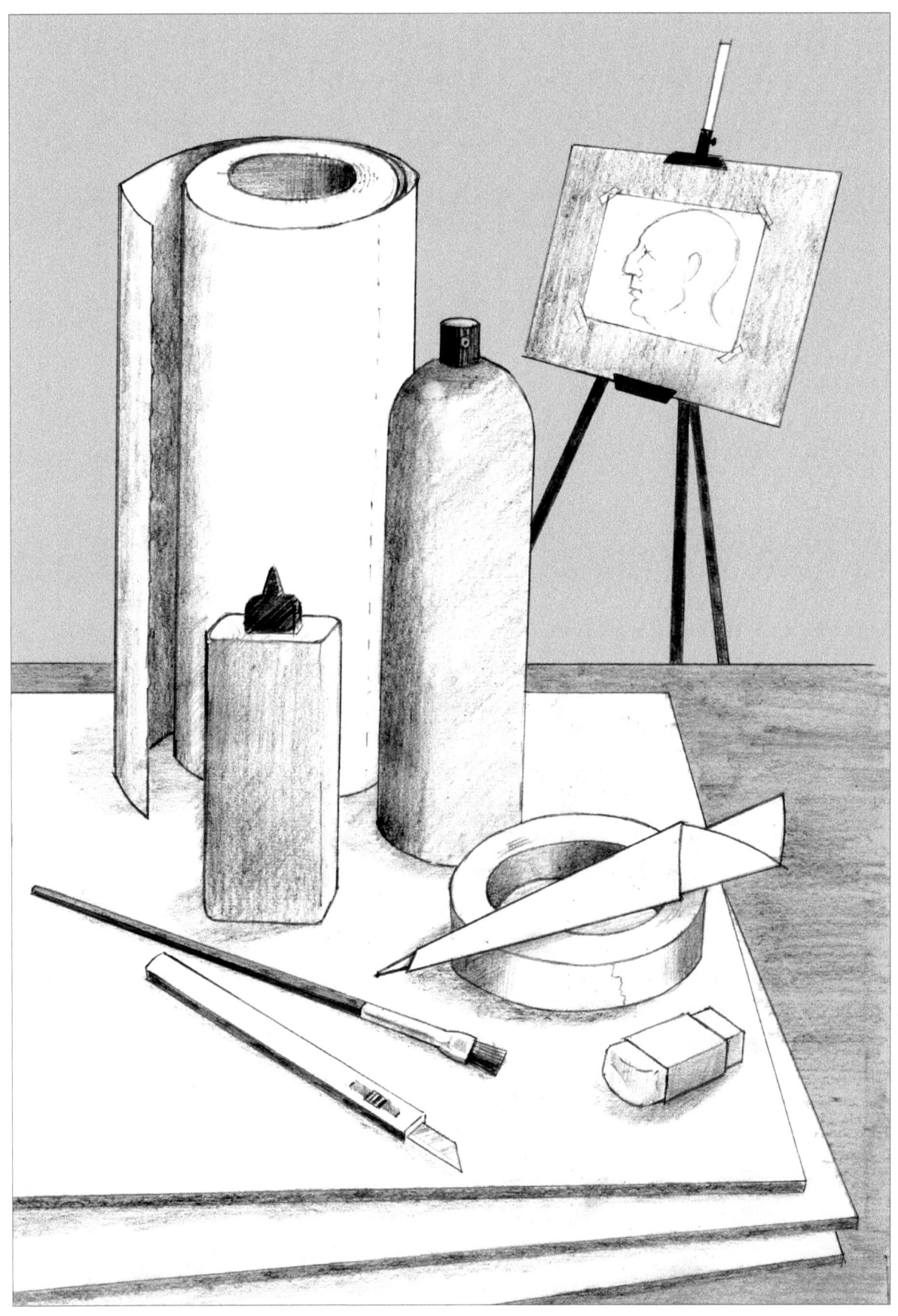

Empezar a dibujar

Dibujar es el modo más directo de transmitir una idea o una emoción y lleva utilizándose como forma de comunicación desde que existe el hombre. Por lo tanto, todos somos capaces de dibujar y nuestro cerebro puede interpretar incluso las marcas más simples de representación de la forma humana.

Sin duda, habrá gente que entienda mejor el dibujo que otros, y que sean capaces de representar el mundo tridimensionalmente, pero todos podemos aprender a dibujar aplicando algunas reglas básicas. No hay mejor lugar para desarrollar la capacidad artística que una clase de dibujo al natural.

Anteriormente ya he mencionado la importancia de trabajar con un buen modelo, pero también tendrás que tener en cuenta la iluminación, es decir, si vas a trabajar con una luz plana, igual en todo momento —como la que produce un fluorescente— encima de la cabeza, o si vas a trabajar con una luz direccional, como la de un foco o la luz natural que penetra por la ventana. La luz direccional creará sombras y contrastes que enfatizarán los contornos.

La distancia del modelo a la que te sitúes también tendrá que tomarse en consideración. Si estás sentado a solo unos centímetros querrá decir que te quieres centrar en los detalles o en una parte pequeña del cuerpo, pero no será la distancia ideal para dibujar la figura entera.

En un entorno como el de un taller o un estudio, tenemos que disciplinarnos para trabajar con poses durante un tiempo concreto como 2, 10 o 30 minutos. Las limitaciones temporales te ayudarán a concentrarte y a mejorar tus técnicas de observación. A medida que aprendas a controlar el ritmo, conseguirás adoptar una serie de enfoques estilísticos para enfrentarte a distintas situaciones.

Empecemos por observar una pose sencilla dibujada a lo largo de 10 minutos. Al decir «pose sencilla» me refiero al hecho de que se puede ver todo el cuerpo, con poco escorzo, y, por consiguiente, puedes ver cómo se relacionan las proporciones y hacerte una idea de cómo está formado.

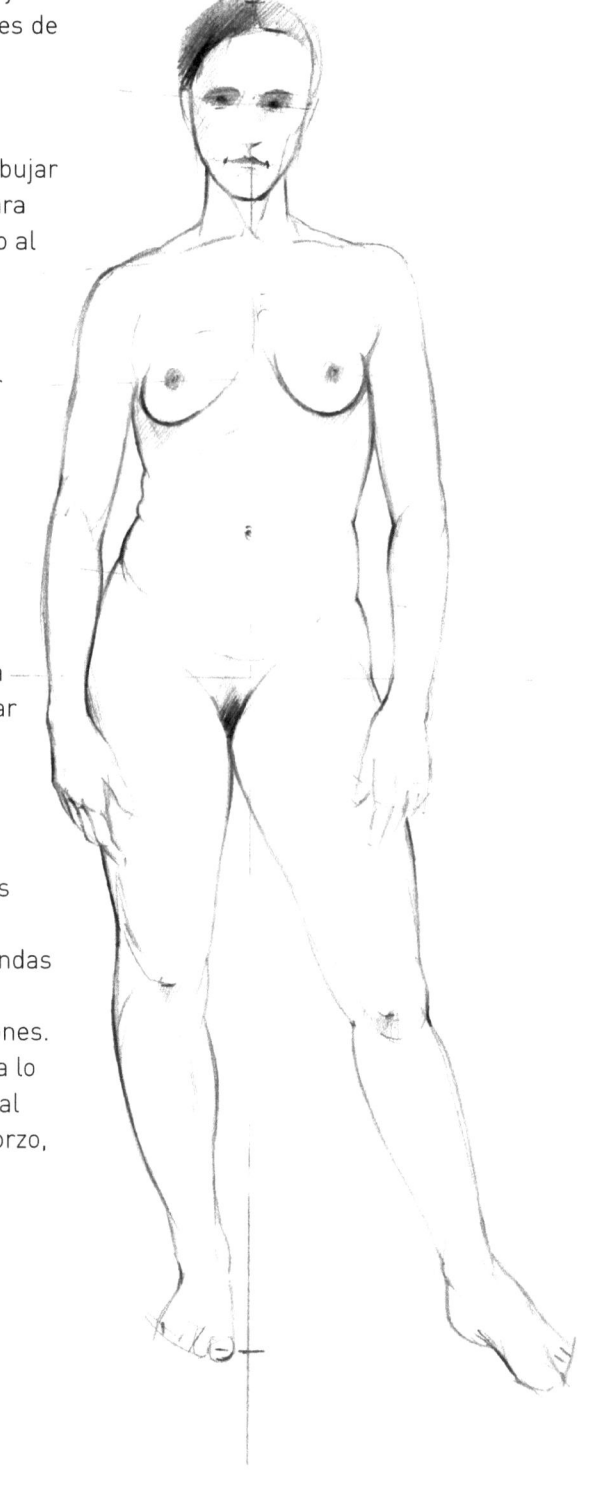

Una pose sencilla

A · C

A continuación, tenemos una demostración del proceso de mi mente para captar en un papel la pose al natural. El dibujo al natural consiste en la observación, pero también en mejorar las capacidades artísticas, así que, antes de dibujar, hay que dedicar unos minutos a estudiar la pose y sus características: el ángulo de los hombros, cómo se distribuye el peso corporal y si hay escorzo. Siempre hay un elemento de escorzo en cualquier pose, por ejemplo, en esta, el pie derecho se ve hacia delante y en escorzo, y el pie izquierdo también presenta algo de escorzo.

En la forma humana hay simetría y todos tenemos las mismas proporciones corporales básicas. Sin profundizar demasiado en las teorías de Leonardo da Vinci y sus cálculos, vamos a utilizar la longitud de la cabeza como unidad de medición y tener en cuenta que siete cabezas son las que conforman la figura entera y que las puntas de los dedos cuelgan hasta llegar a mitad del muslo cuando el brazo está relajado.

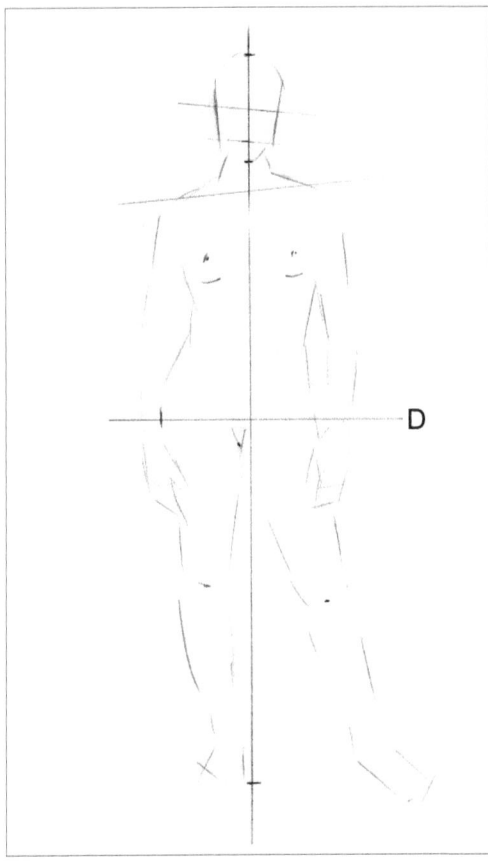

1 Necesitamos anclar el dibujo, colocándolo en una hoja de papel. Dibuja o imagina una línea central que traspase verticalmente toda la figura. A continuación, coloca una marca para indicar la parte superior de la cabeza (A) y otra para el pie del dibujo (B). La tercera marca (C) será la barbilla y definirá el tamaño de la cabeza que, en pose erguida, será repetida siete veces para conseguir la longitud total del cuerpo. Al colocar estas marcas en línea vertical ya habremos fijado el dibujo en la página y habremos definido el tamaño a partir del cual desarrollar la ilustración.

B

2 Dibuja o imagina una segunda línea, perpendicular a la línea vertical y a la mitad del cuerpo (D). Este punto intermedio quedará justo por encima del pubis (la parte más baja de la cadera). Ahora ya habrás completado tu cuadrícula y podrás empezar a construir el dibujo. También he añadido unas orientaciones adicionales para indicar el ángulo de los hombros y los rasgos faciales. Dibújalos sin apretar en el resto de la figura, colocando marcas en los puntos centrales y uniéndolos. No utilices una regla para medir, sino tus ojos. No dibujes los rasgos todavía. Tienes que comprobar antes que no hayas dibujado la cabeza o los hombros demasiado anchos o estrechos, comparándolos con alguna unidad de medición, como la longitud de la cabeza.

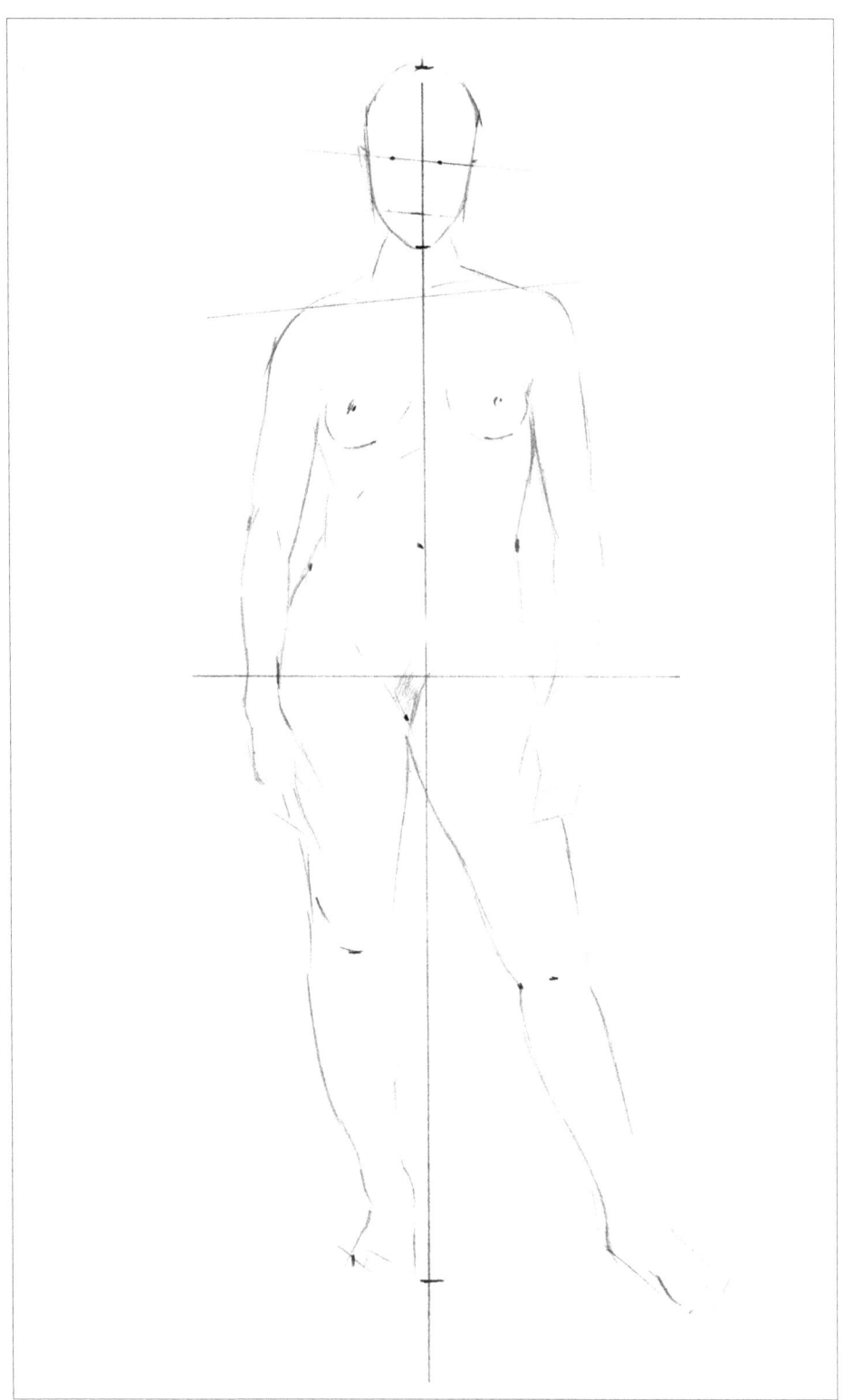

3 Trabaja con la figura entera, ajustando y midiendo a medida que avances. Este método de construcción de la figura te permite ir haciendo enmiendas según progreses antes de afianzar el dibujo.

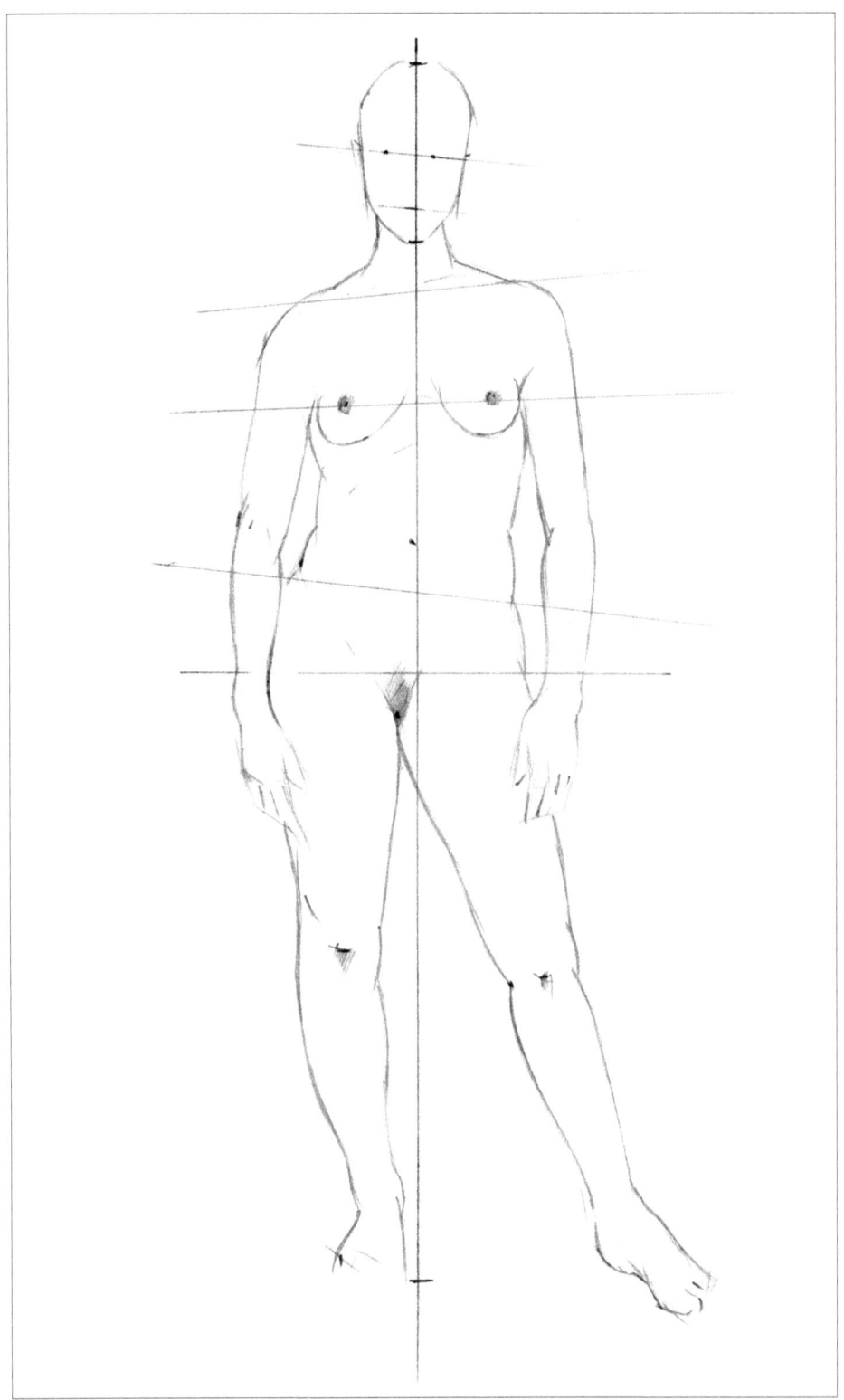

4 Cuando ya estés satisfecho en términos de composición, empieza a redefinir las líneas y a plasmar incluso los contornos más sutiles del cuerpo. Utiliza la línea vertical como guía para comprobar, por ejemplo, a qué distancia de la línea están las rodillas.

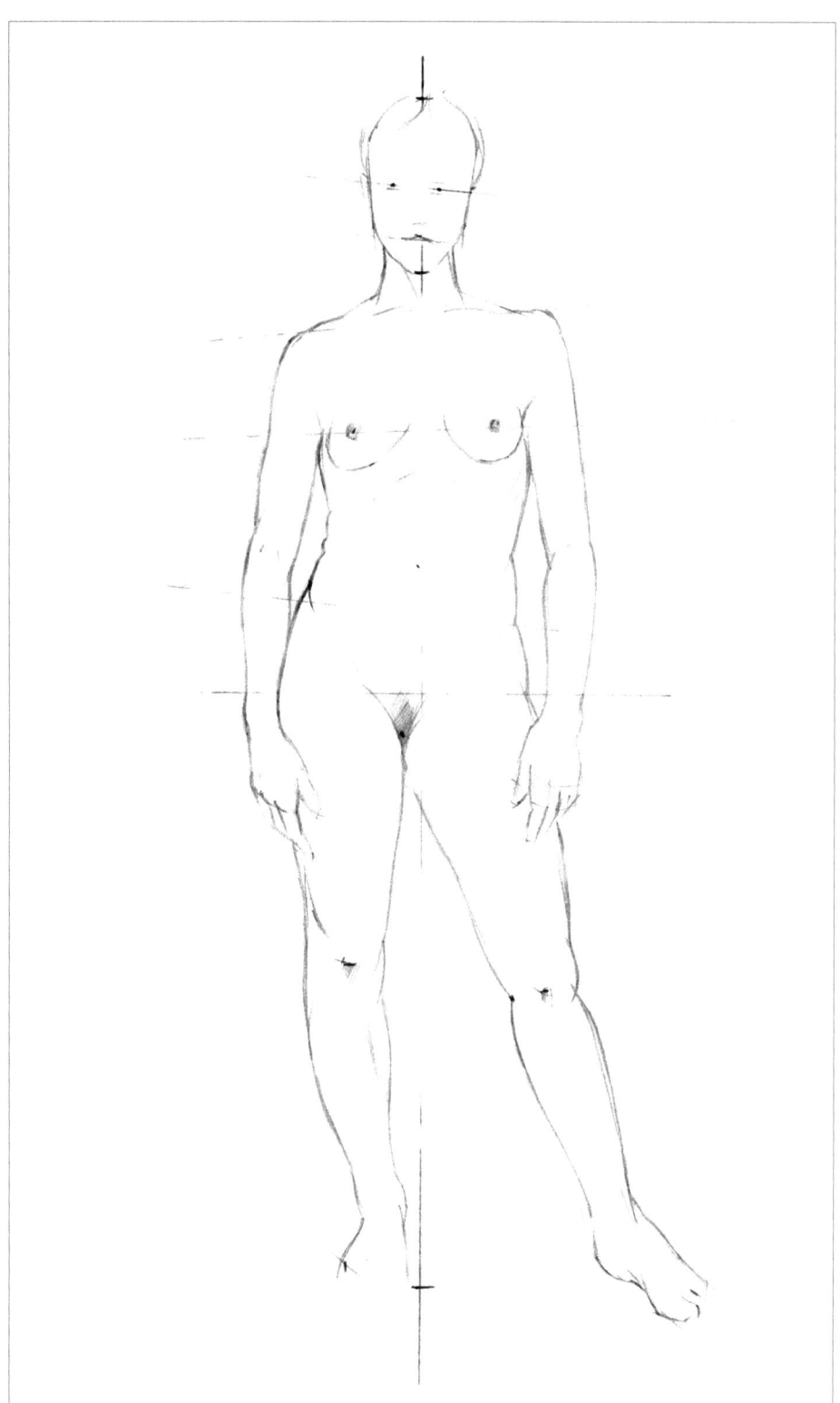

5 Cuando todo te parezca correcto, lleva el dibujo a la vida reforzando la línea y sugiriendo la forma. Por ejemplo, para dar peso al pecho, he utilizado una línea más gruesa y también he dibujado líneas más gruesas en los puntos de tensión.

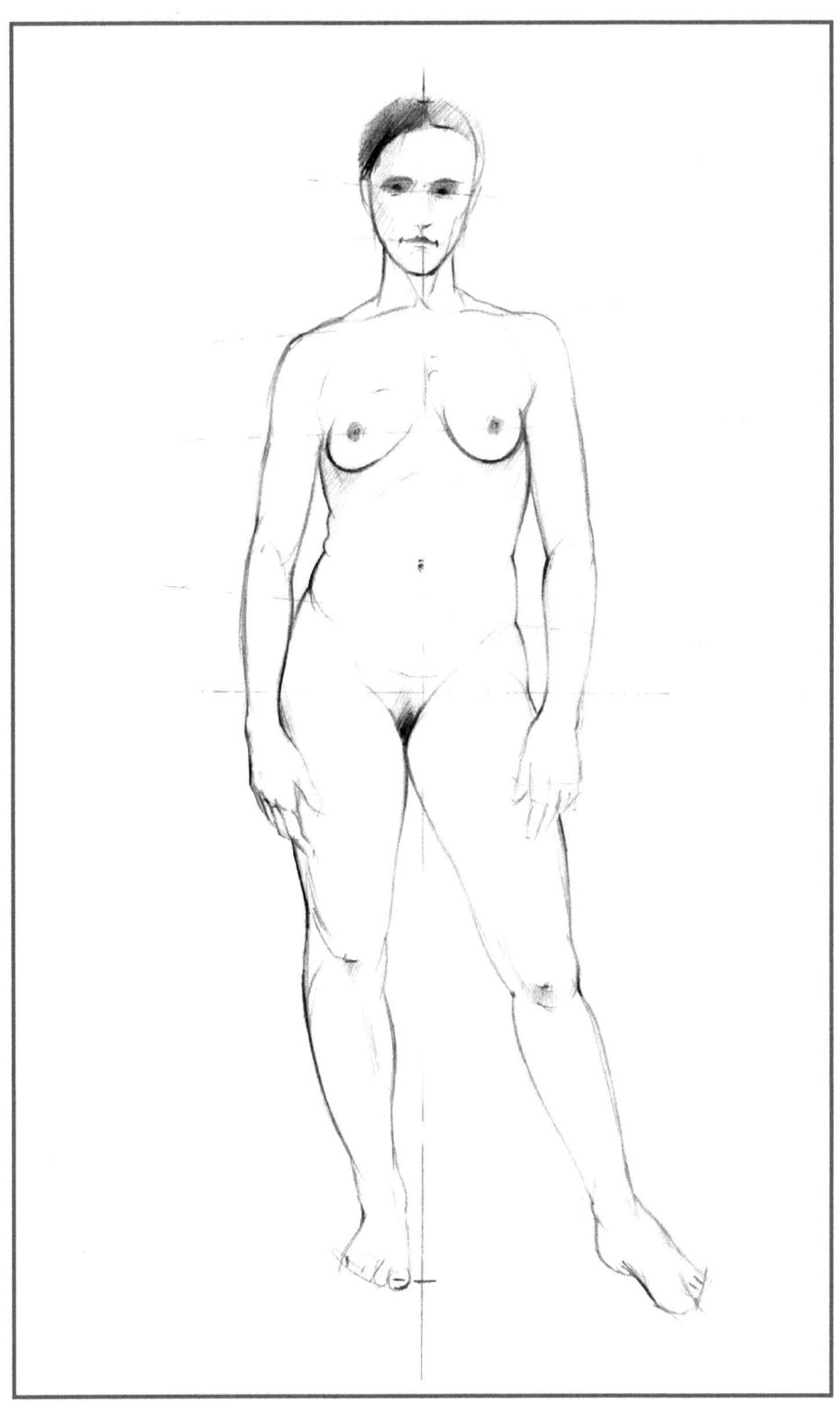

El dibujo acabado.

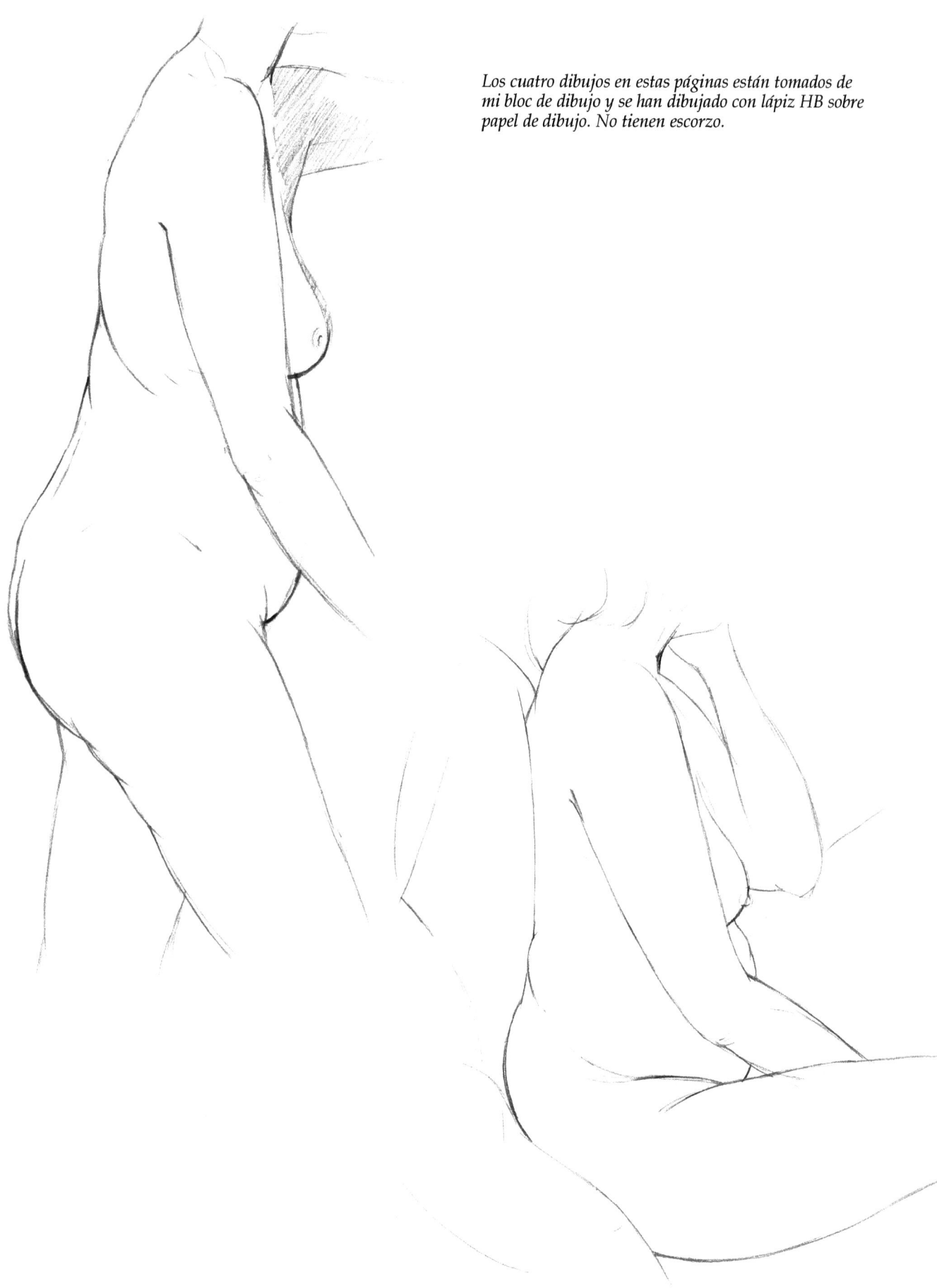

Los cuatro dibujos en estas páginas están tomados de mi bloc de dibujo y se han dibujado con lápiz HB sobre papel de dibujo. No tienen escorzo.

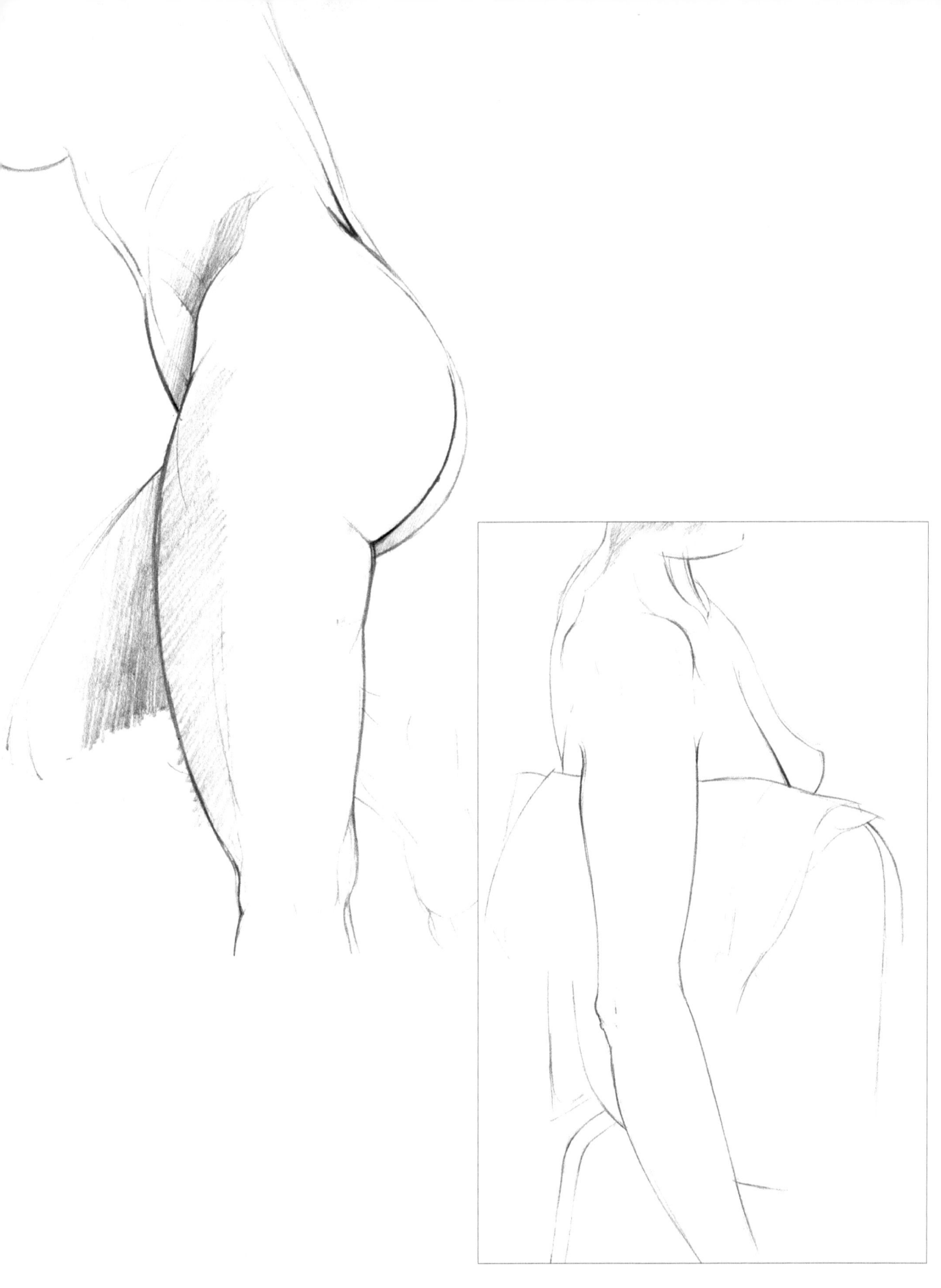

Dibujos gestuales

Los dibujos gestuales están esbozados en breves ráfagas de energía que no duran más de 1 o 2 minutos. Trabajar rápido con los ojos fijados en el modelo, casi sin mirar al dibujo, hará que plasmes el máximo de información relativa a la pose: el ángulo del cuerpo, escorzo y cómo se distribuye el peso corporal, para captar la esencia del gesto en un tiempo muy limitado.

Los dibujos gestuales son ejercicios para mejorar la capacidad de observación. No consideres lo que estás dibujando: el objetivo es reaccionar ante el modelo intuitivamente, sin dejar que nuestra mente tenga la oportunidad de reflexionar o de hacer valoraciones. Se trata del triunfo del hemisferio cerebral derecho sobre el izquierdo, que suele ser el dominante. El dibujo resultante desprenderá una vitalidad y una energía muy diferentes a la de un dibujo trabajado durante un periodo prolongado de tiempo.

Siempre y cuando puedas mantener la concentración, no habrá «errores» en un dibujo gestual. Con cada pose aprenderás un poco más sobre el cuerpo y cómo funciona y quizás consigas algún dibujo realmente interesante como resultado.

El dibujo gestual es excelente para calentar y por eso siempre empiezo mis talleres con cinco poses de 2 minutos. Nos ayuda a entender la forma y a exponernos a retos con poses inusuales.

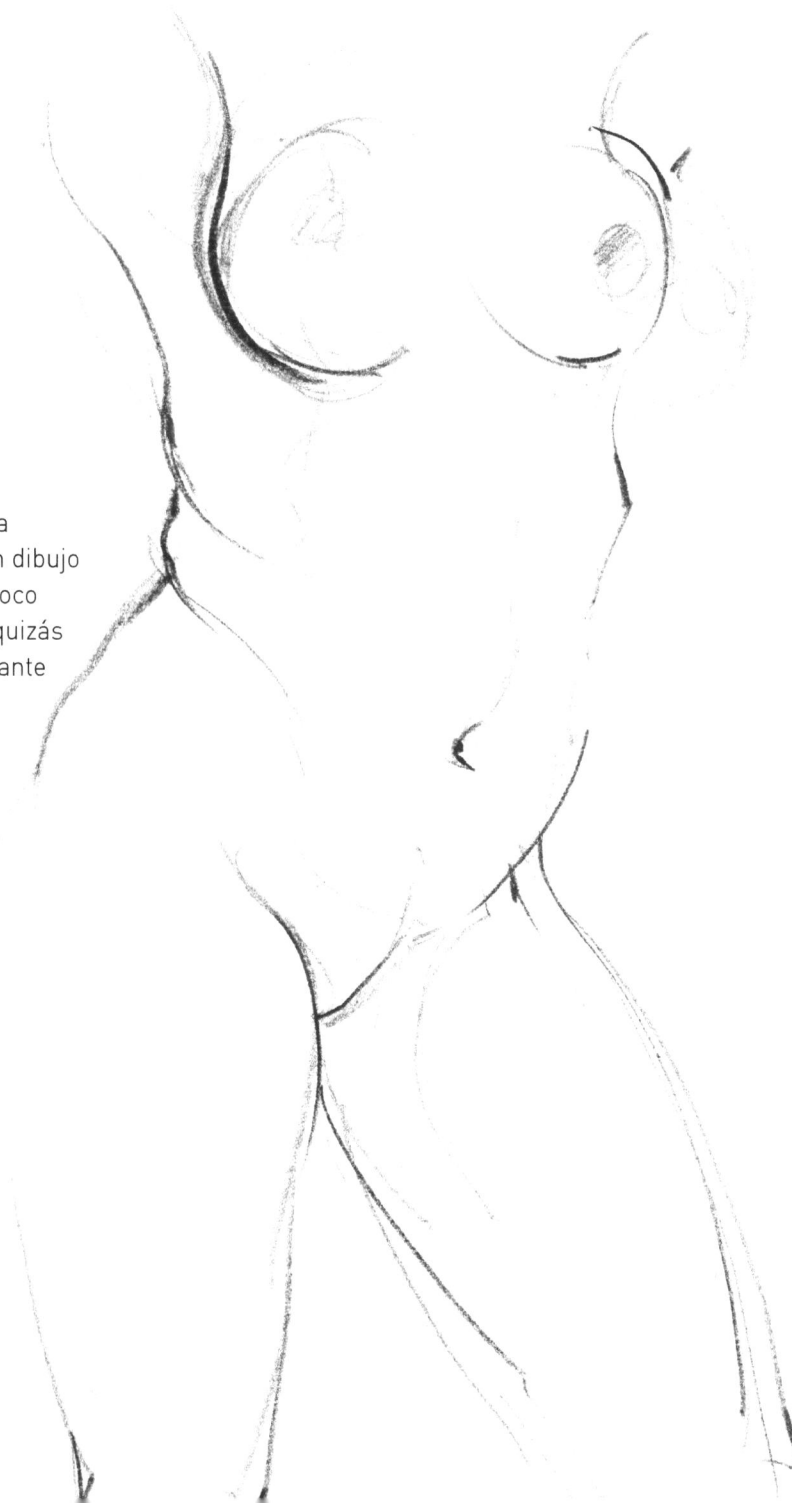

Lápiz de cera sobre papel de periódico. Ten en cuenta que el dibujo fue modificado cuando la modelo se movía o cuando me lo parecía.

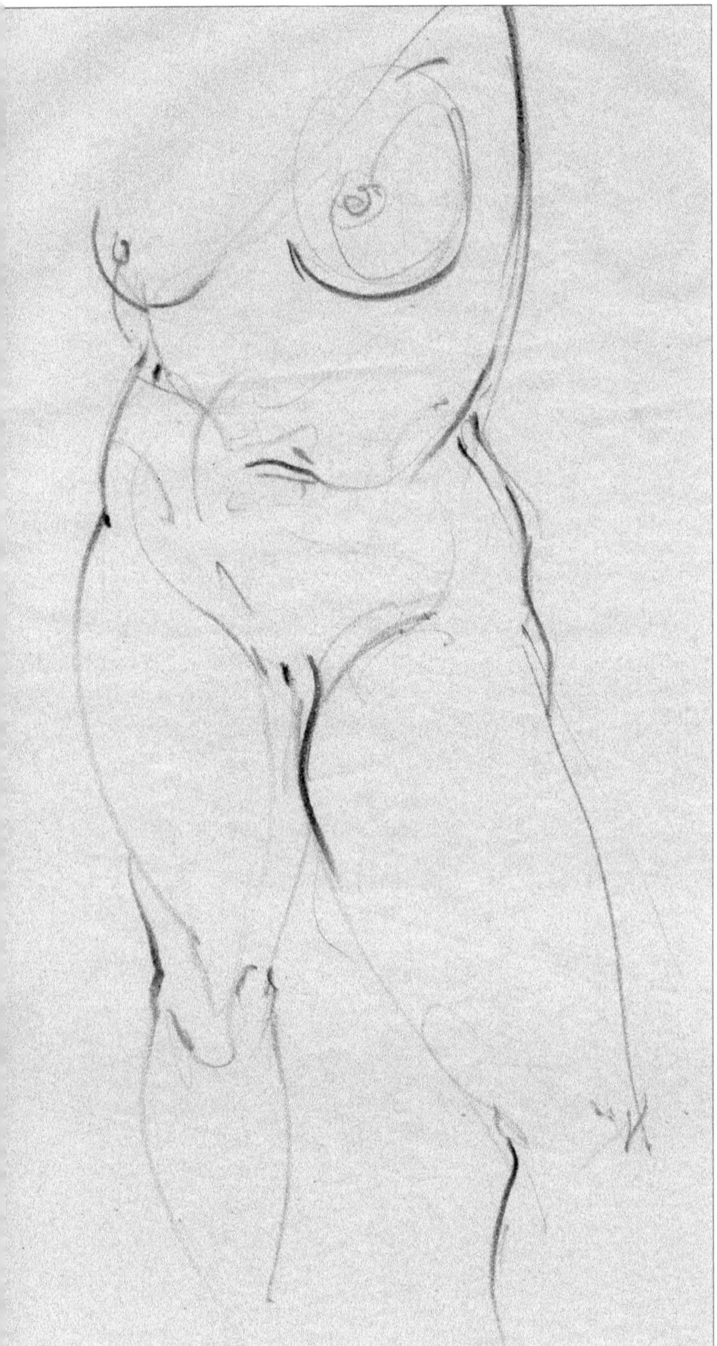

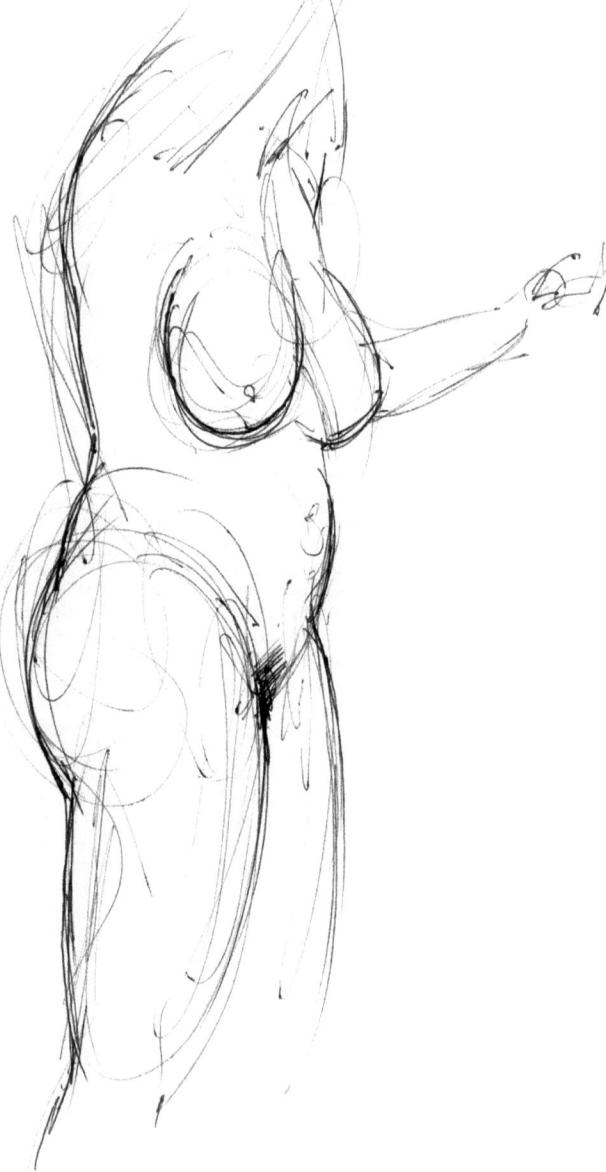

Ejemplos de dibujos gestuales hechos en 1 o 2 minutos.
Arriba: lápiz de cera sobre papel de periódico.
Derecha: bolígrafo sobre papel de dibujo liso.

EL MÉTODO

Lo ideal es que trabajes con un modelo experimentado en posar al natural. Los buenos modelos pueden aguantar poses físicamente difíciles o arduas, pero solo durante un breve intervalo de tiempo, así que necesitarás trabajar rápido. ¿Alguna vez has intentado mantener los brazos por encima de la cabeza, sin moverlos durante 2 minutos?

Si no cuentas con un modelo, puedes llevar un bloc y practicar este tipo de dibujo mientras vas en transporte público, en restaurantes, bares o estaciones de tren. Ahora bien, debes saber que no conseguirás que la gente mantenga la misma postura durante más de 2 minutos.

Trabaja en toda la página, haciendo esbozos, de manera que traces la figura dentro de la página. No te preocupes por los detalles ni incluyas dedos o rasgos faciales; recuerda que ahora te estás centrando en captar los gestos y la esencia de la pose. No tengas miedo en modificar el dibujo, ir ajustando las líneas y dándole nuevas formas. Trabaja sin apretar hasta que estés seguro de la pose de una línea y después dale un poco más de grosor. Emplear distintos grosores de línea dará profundidad al dibujo y acentuará sus formas.

Al emplear distintos medios trabajarás también de modos diferentes. Se puede utilizar cualquier medio, pero yo prefiero las barras de grafito, los lápices de cera o un bolígrafo, porque se deslizan con mucha facilidad sobre la superficie de trabajo.

Cuanto mayor sea el papel en el que dibujes, mayor control tendrás de la imagen y te evitarás tener que empequeñecer lo que estás viendo para contenerlo en una hoja de papel más pequeña.

Trabaja con el bloc de dibujo en vertical, o al menos en un ángulo inclinado. Si trabajas con el cuaderno plano, sobre una mesa o en el regazo, seguramente se distorsionará el dibujo, ya que tu ojo verá la información en un plano y después tendrá que transportarlo a otro.

Lápiz de cera sobre papel de periódico.

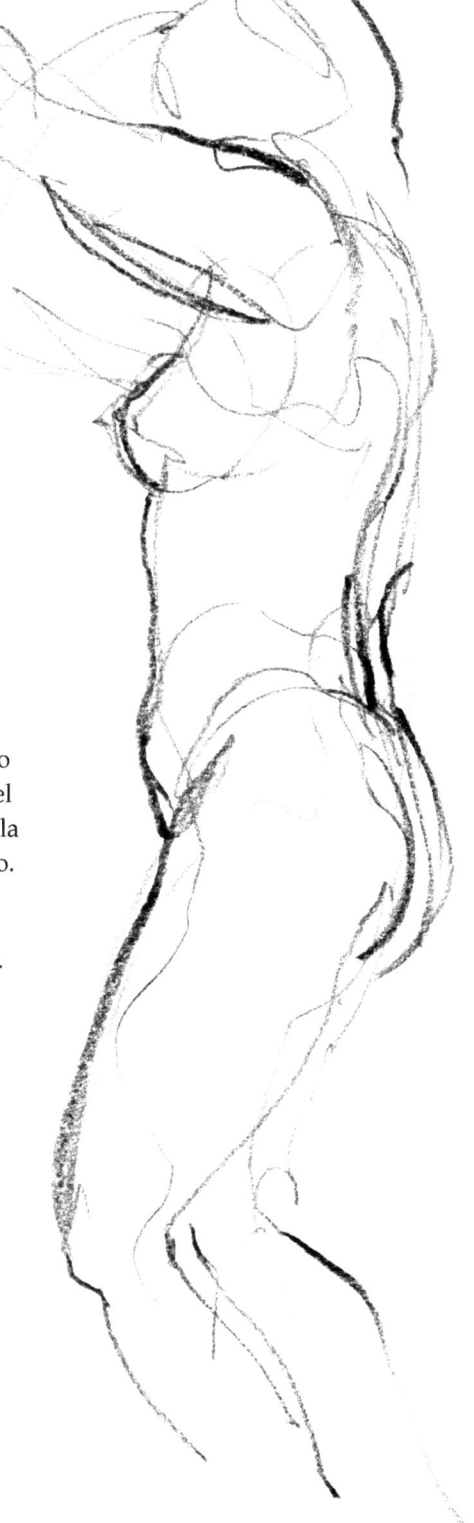

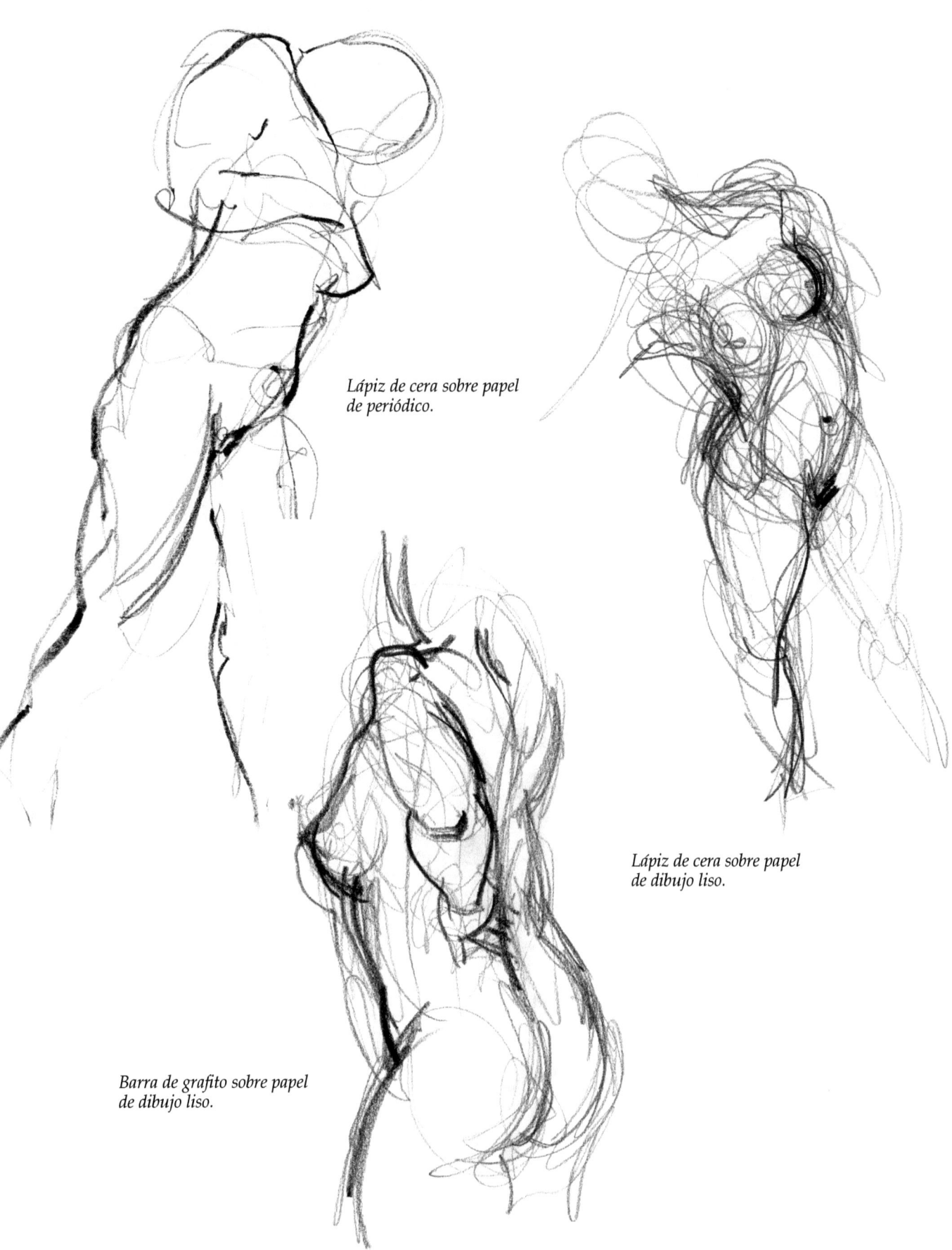

Lápiz de cera sobre papel de periódico.

Lápiz de cera sobre papel de dibujo liso.

Barra de grafito sobre papel de dibujo liso.

Línea

«Dibujar es una exploración de la forma».
Lema de la *Slade School of Fine Art,* Londres.

Un error muy común al trazar una línea es representar
al modelo como si no fuese más que una silueta
o utilizar un conjunto de líneas atrevidas y
consistentes que hacen que un dibujo parezca
plano, sin forma real. Para dotarlo de vida, hay
que utilizar no solo un trazo ligero, sino también
una variación de grosores en la línea para darle
profundidad y conseguir que sea tridimensional.
Gracias a la línea podemos entender la forma
del cuerpo y sus sutiles contornos.

Durante el primer periodo de la *Slade
School of Fine Art*, en Londres (fundada en
1871), el dibujo de figuras era el eje central
de la enseñanza. Bajo la dirección del tutor
Henry Tonks, los estudiantes y su arte florecían
—Augustus John y William Orpen fueron algunos de
los mejores alumnos—. Tonks creía que hasta que
un estudiante no entendía la estructura subyacente
del cuerpo no podría retratar la forma humana con
precisión y a sus estudiantes les enseñaba a dibujar
con líneas en lugar de hacerlo con tonos y les
animaba a hacer correcciones modificando
las líneas en vez de utilizar la goma. Las
poses solían ser cortas.

*Bolígrafo sobre papel de dibujo liso.
Pose de 1 hora. Utilizar el bolígrafo
para trazar las líneas evita la
tentación de utilizar una goma.*

*Bolígrafo sobre papel
de dibujo. Pose de 30
minutos.*

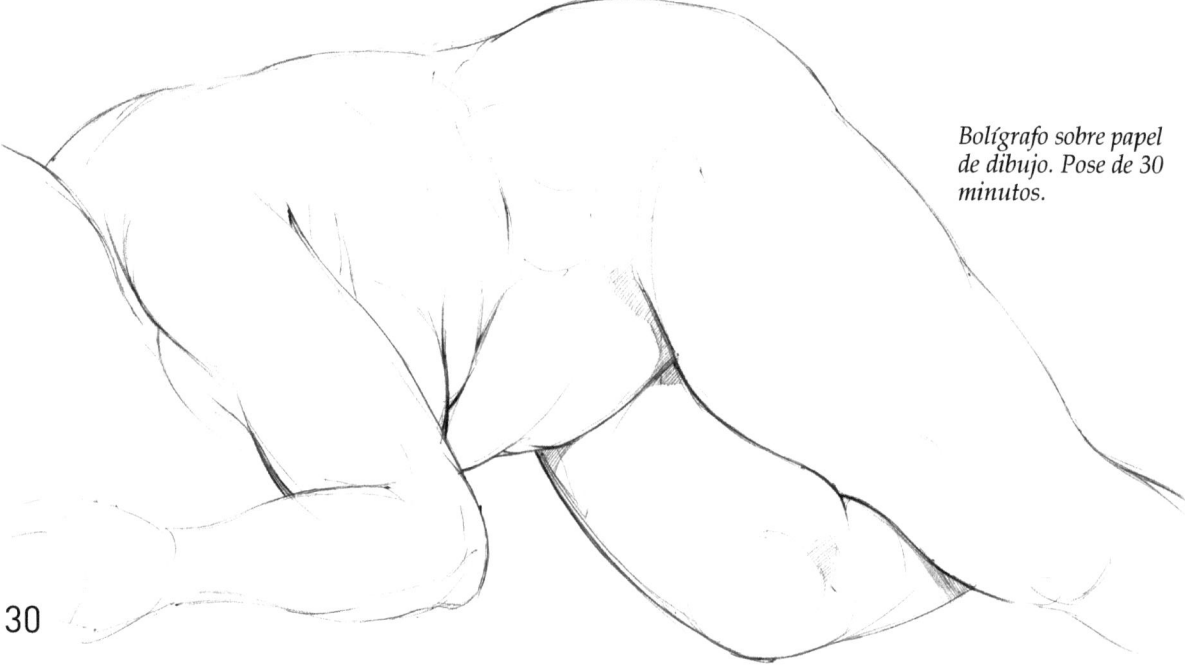

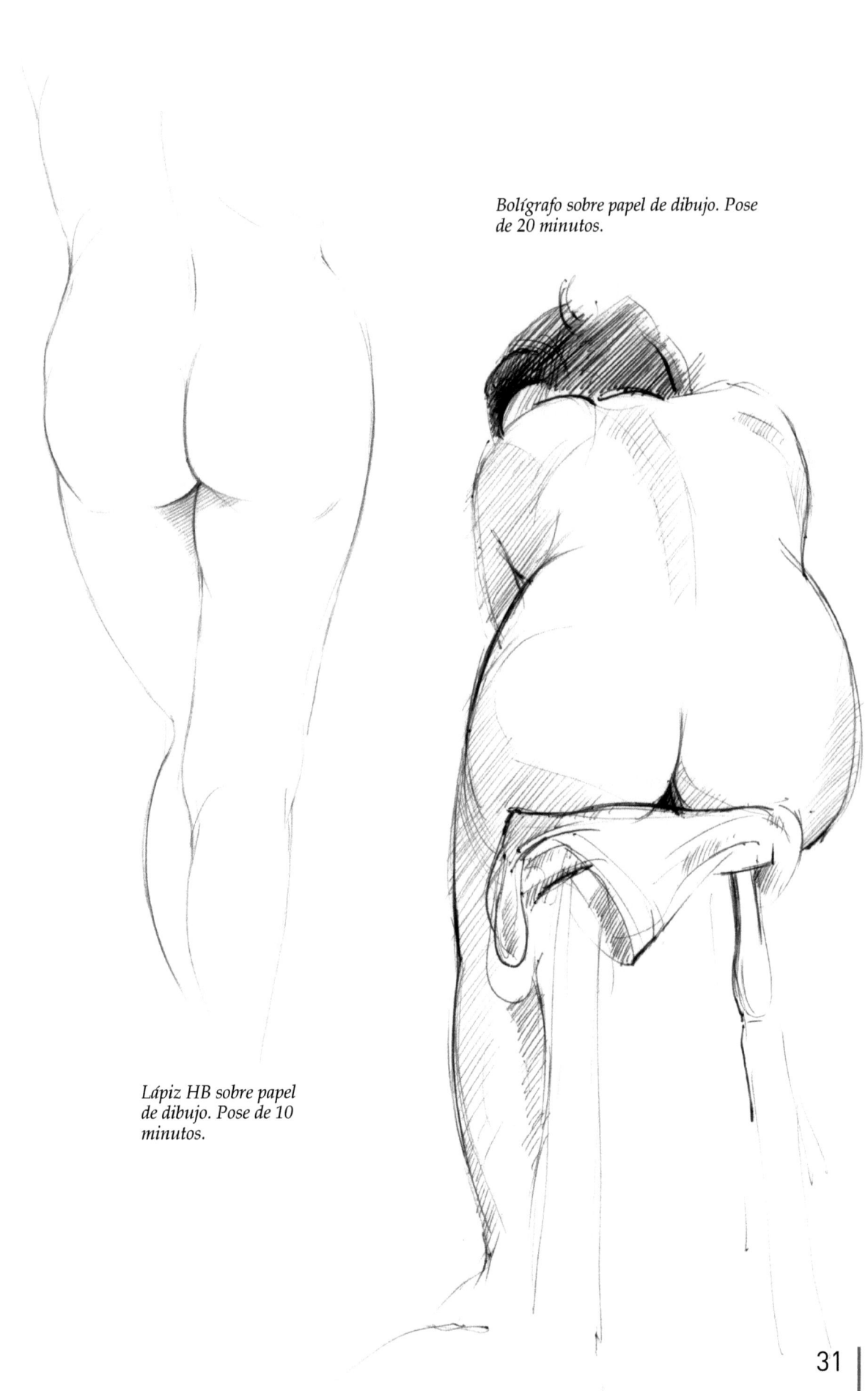

Bolígrafo sobre papel de dibujo. Pose de 20 minutos.

Lápiz HB sobre papel de dibujo. Pose de 10 minutos.

UN EJERCICIO CON LÍNEAS

En este ejercicio seguiremos el lema de la *Slade School of Fine Art* y el razonamiento del profesor Tonks como máxima, y exploraremos la forma mediante la línea para captar el peso y la tensión muscular del cuerpo. Lo lograremos variando el grosor de las líneas dibujadas gracias a diferentes presiones en el lápiz. En la fase final del dibujo, he dibujado los contornos musculares utilizando una concentración de líneas suaves.

El siguiente ejercicio es típico de una pose de 30 minutos y he utilizado un lápiz HB sobre papel de dibujo. La modelo está en una pose sencilla, con poco escorzo. La iluminación en el estudio era plana —luces fluorescentes en el techo— para evitar demasiado contraste tonal, de modo que podía observar las sutiles curvas corporales. Para comprender mejor la silueta de la modelo, la puse delante de un fondo oscuro.

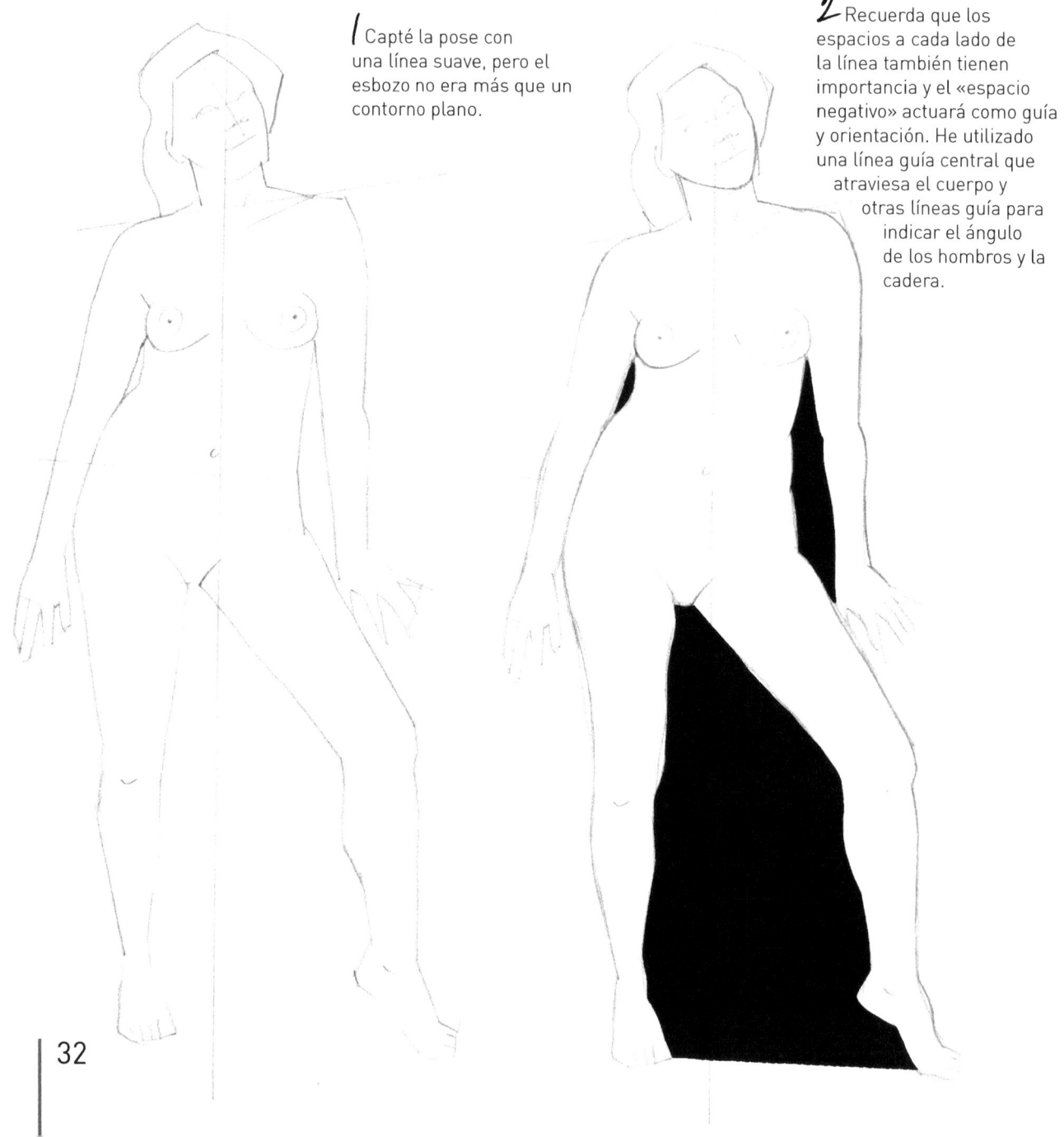

1 Capté la pose con una línea suave, pero el esbozo no era más que un contorno plano.

2 Recuerda que los espacios a cada lado de la línea también tienen importancia y el «espacio negativo» actuará como guía y orientación. He utilizado una línea guía central que atraviesa el cuerpo y otras líneas guía para indicar el ángulo de los hombros y la cadera.

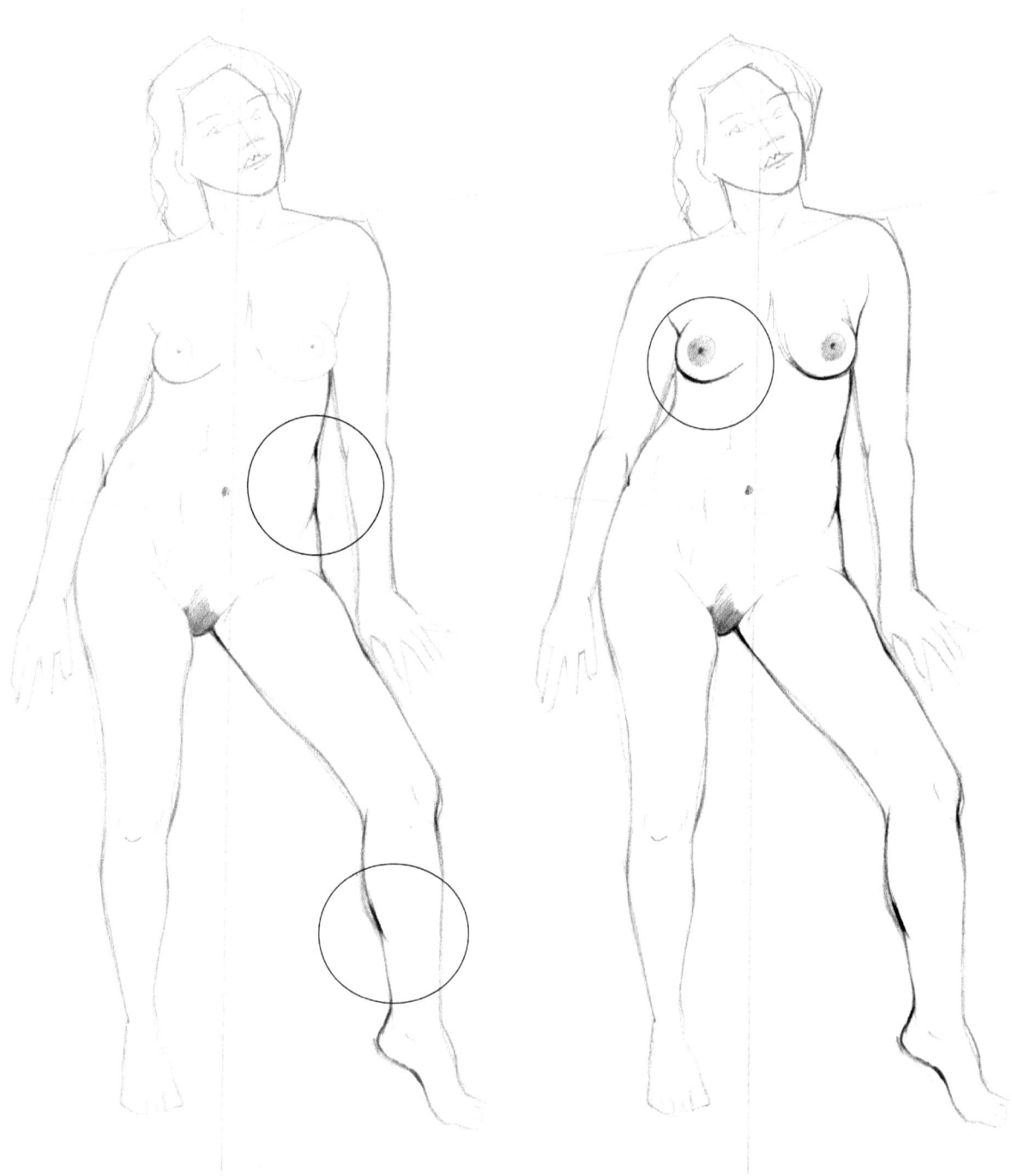

3 Cuando se dibuja una línea pura es fácil representar la figura como poco más que una silueta, sin forma real. Estamos en un punto en este dibujo en el que tenemos que empezar a indicar la tensión muscular y a crearla utilizando una variación en el grosor y la presión de la línea en los puntos de tensión (marcados con un círculo).

4 Se puede sugerir el peso, como en los pechos, con una línea más gruesa, más reforzada. Sea cual sea tu elección del medio, practica dibujando con trazos ligeros y con diferencia de presión y de grosor en las líneas.

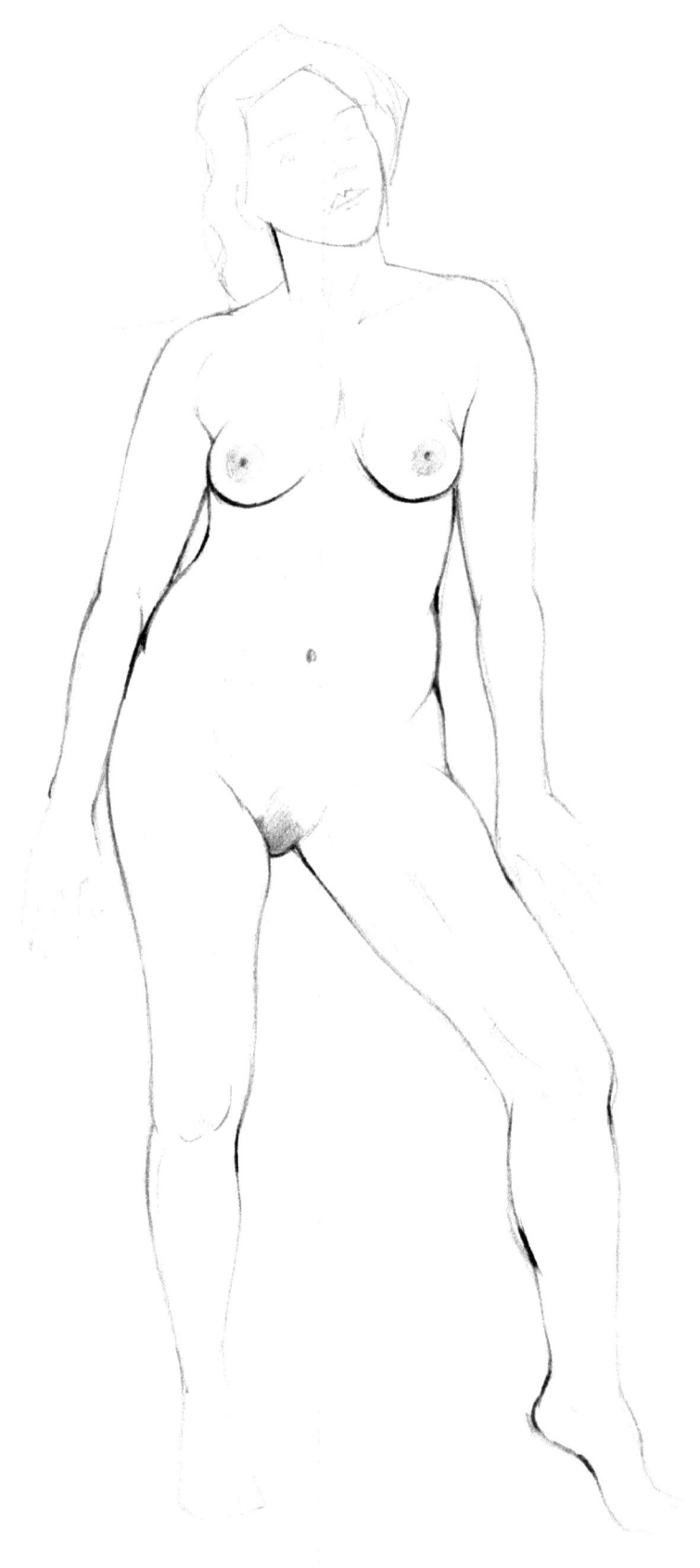

5 El siguiente paso consiste en indicar el músculo y los contornos del cuerpo con líneas suaves. No tengas miedo de modificar las líneas y corregir el dibujo.

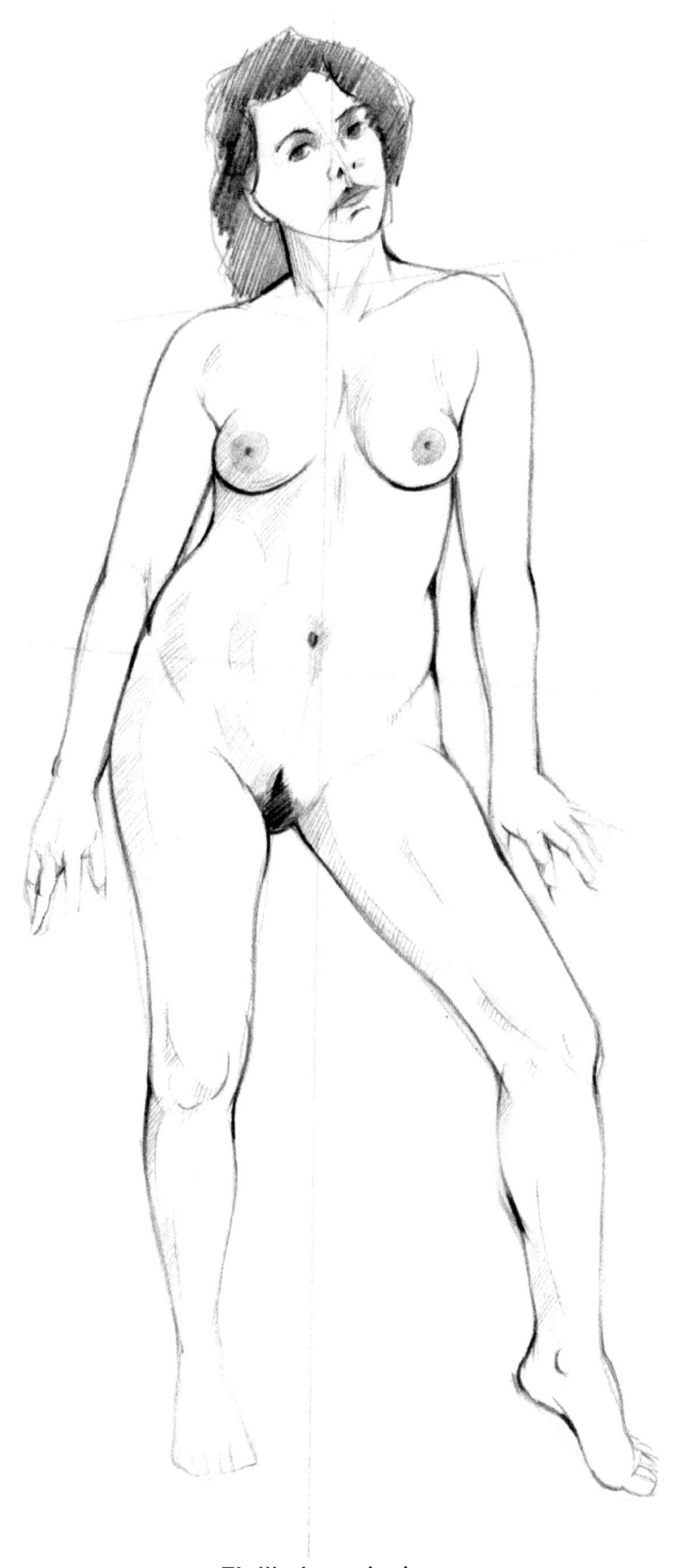

El dibujo acabado.

El ritmo de la línea

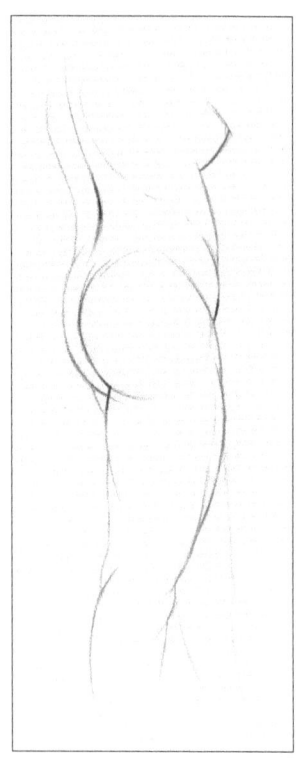

Ante un dibujo al natural hay muchos enfoques con los que poder desarrollar tu percepción y experimentar con distintas maneras de interpretar al sujeto, de modo que, si los aplicas, ampliarás el repertorio estilístico con el que trabajarás.

El ritmo de la línea se refiere a la búsqueda del orden en el dibujo mediante la creación de líneas interconectadas. Por ejemplo, los contornos del cuerpo o las curvas que crean las formas son los puntos en los que hay que centrarse, como ocurre en el ejercicio de las páginas 38-39. El paso 2 muestra cómo una parte del cuerpo puede interrelacionarse con otra a través de una única línea continua, creando tanto armonía como ritmo en el dibujo. Si bien puede parecer un poco estilizado, este tipo de dibujo incluye energía y ritmo en la línea.

La técnica no tiene que ver con la espontaneidad porque estamos pensando en el dibujo de una manera muy controlada, tal y como lo haría un diseñador, porque el diseño consiste en resolver problemas y en crear orden, y eso es precisamente lo que estamos haciendo en este ejercicio.

El dibujo con lápiz de cera de abajo es un buen ejemplo de cómo he utilizado este enfoque en una pose tan rápida. Los otros ejemplos están extraídos de mi bloc de dibujo e ilustran el mismo principio, un dibujo para acentuar los contornos de la superficie del cuerpo, incluyendo el tono muscular subyacente.

Se trata de una sencilla pose de 10 minutos, pero se puede ver el músculo representado. Lápiz HB sobre papel de dibujo.

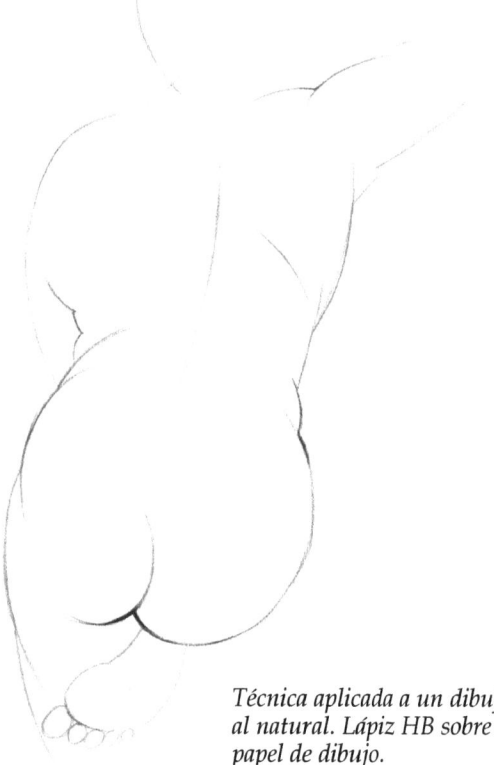

Técnica aplicada a un dibujo al natural. Lápiz HB sobre papel de dibujo.

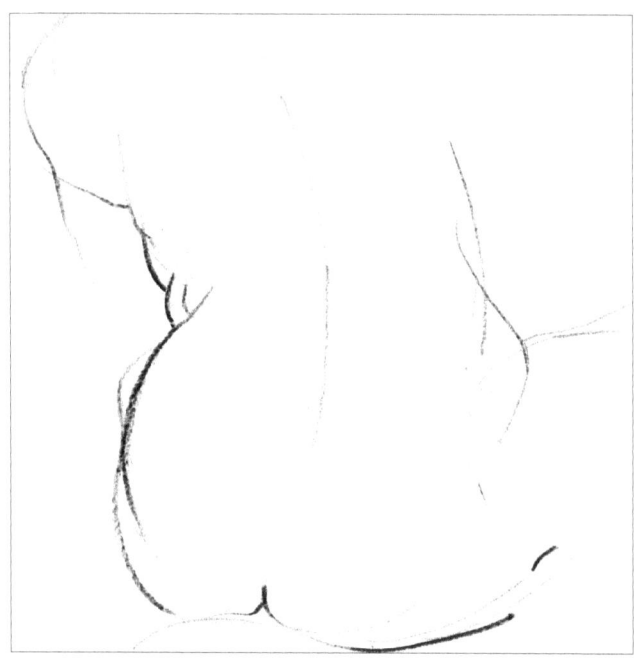

Aquí he intentado captar la esencia de la pose en unas cuantas líneas. Pose de 5 minutos. Lápiz de cera sobre papel de periódico.

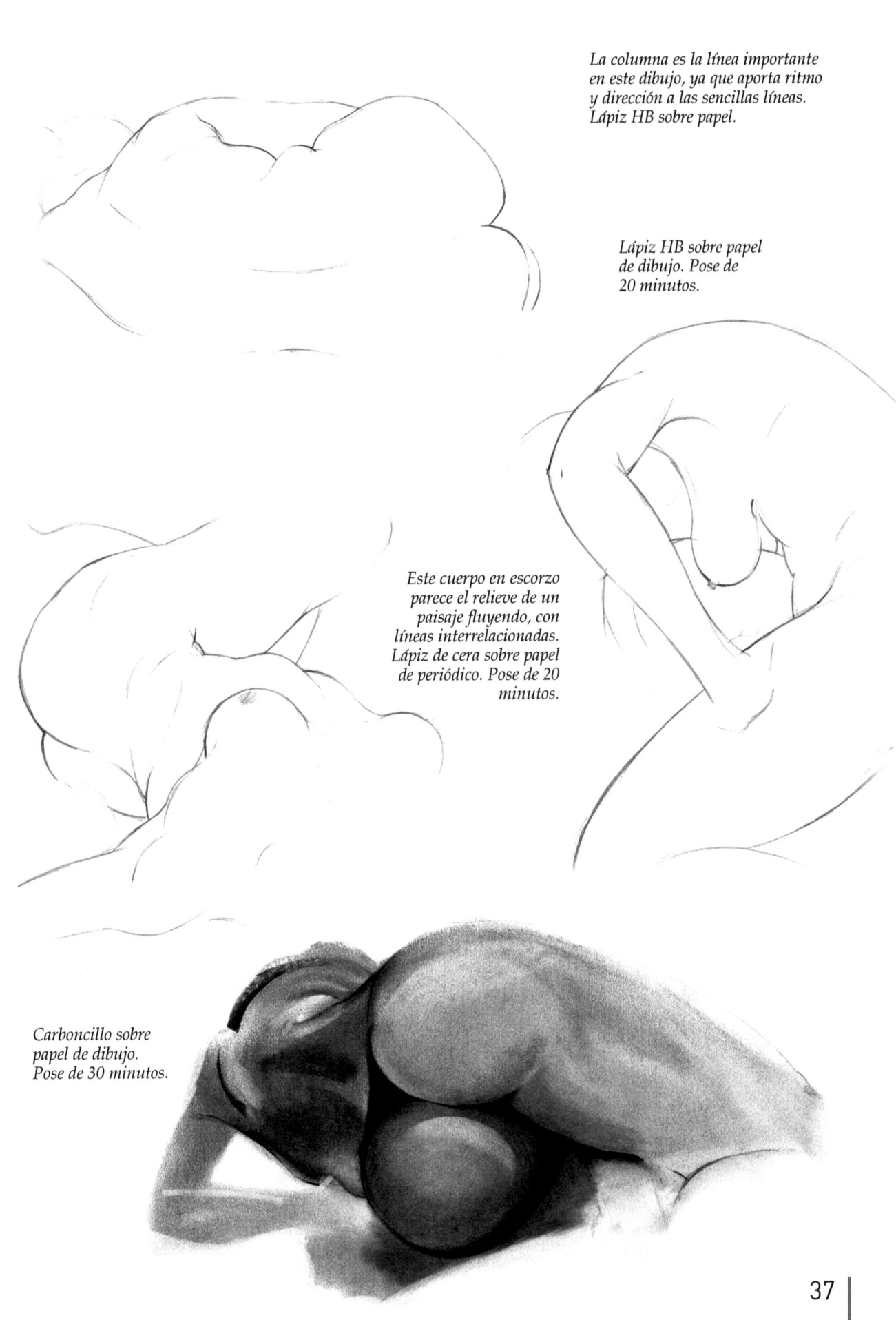

La columna es la línea importante en este dibujo, ya que aporta ritmo y dirección a las sencillas líneas. Lápiz HB sobre papel.

Lápiz HB sobre papel de dibujo. Pose de 20 minutos.

Este cuerpo en escorzo parece el relieve de un paisaje fluyendo, con líneas interrelacionadas. Lápiz de cera sobre papel de periódico. Pose de 20 minutos.

Carboncillo sobre papel de dibujo. Pose de 30 minutos.

37

UN EJERCICIO SIGUIENDO EL RITMO DE LA LÍNEA

A continuación, expongo un ejercicio de dibujo de líneas y, en concreto, de cómo el flujo de la línea acentúa los contornos de la superficie corporal y de las acciones musculares subyacentes. Este dibujo lo realicé con lápiz HB sobre un papel de dibujo liso y para que puedas entender el proceso, he dibujado la pose completa (derecha).

Este libro está dedicado a la observación y al dibujo al natural, pero esta técnica nos ha llevado a un punto en el que podemos alejarnos de la observación pura y empezar un proceso de abstracción. Podemos distanciarnos de la realidad y, gracias a nuestra imaginación, experimentar con las líneas y la forma para crear algo distinto.

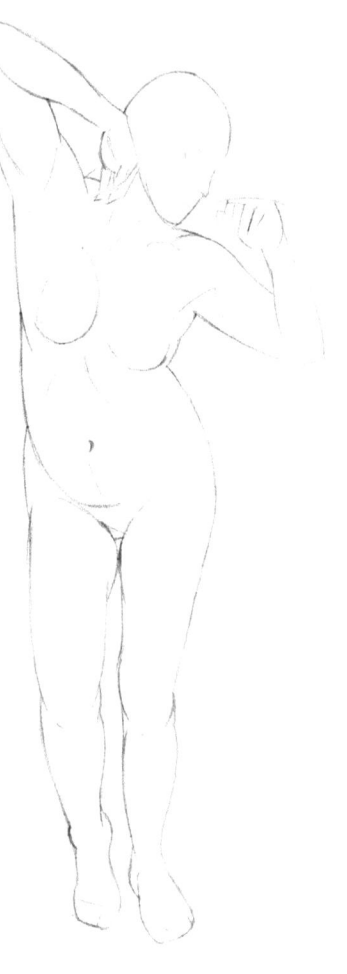

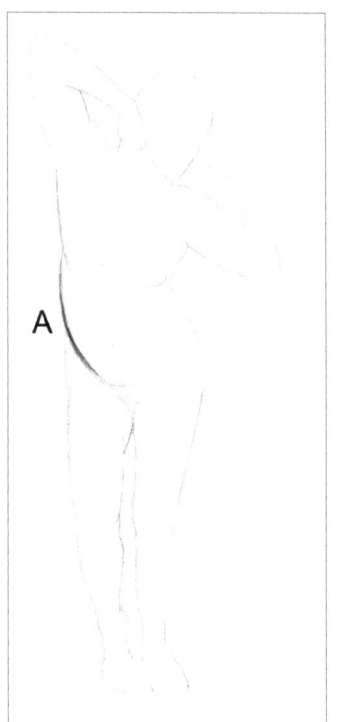

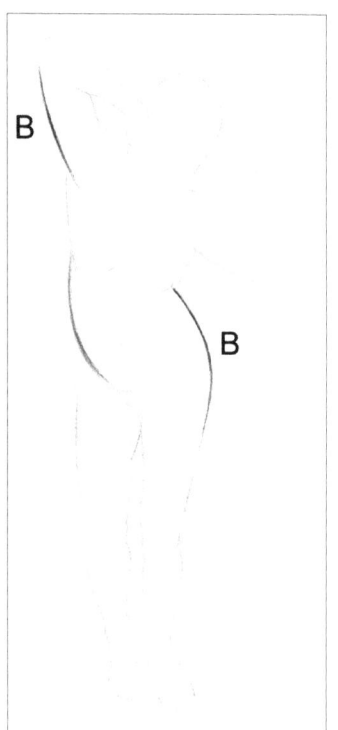

1 La primera línea que tienes que hacer sobre una hoja en blanco es la bella curva de la parte inferior del torso (A).

2 A continuación, la siguiente línea (B) muestra en una única curva que va desde la parte superior del brazo derecho hasta la cadera izquierda, creando una suave línea de «S». Es un perfecto ejemplo de cómo una parte del cuerpo se relaciona e interactúa con otra, creando un ritmo lineal.

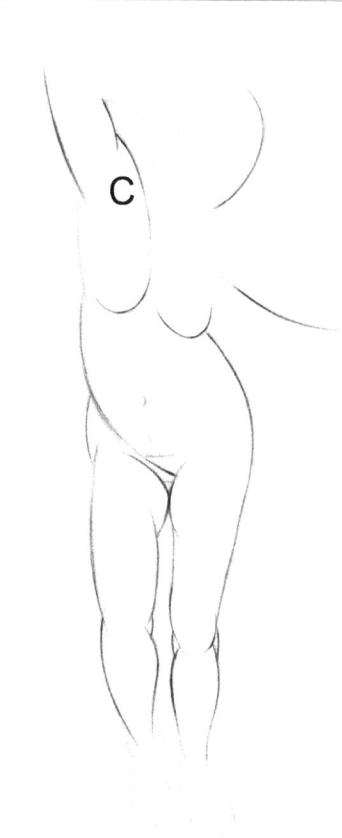

3 Del mismo modo, advierte cómo el músculo del hombro derecho (C) se relaciona con el pecho derecho. Observar las relaciones entre una línea y otra nos ayuda a generar una forma armoniosa.

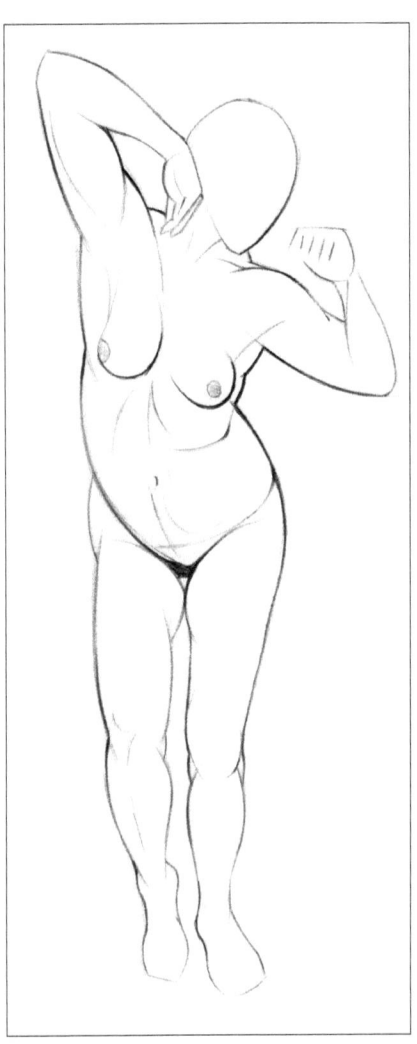

4 Sigue construyendo el dibujo añadiendo los detalles de los músculos y el cuerpo. Puedes recurrir a una variante en la presión y el grosor de la línea para aportarle mayor solidez.

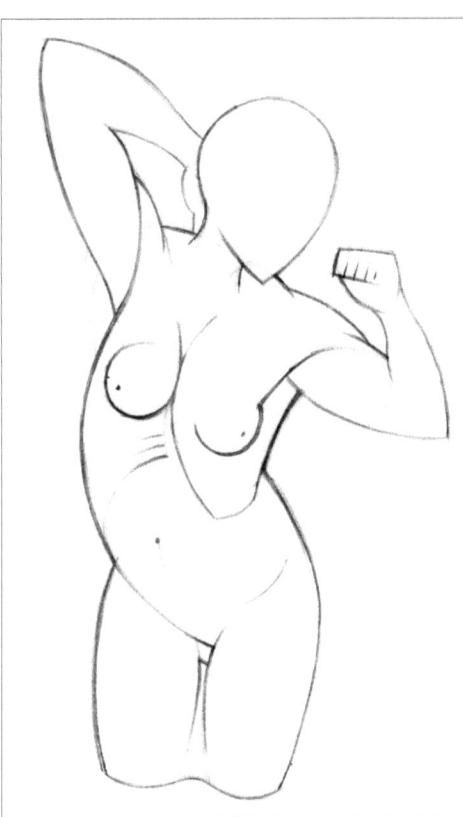

5 Utiliza el torso como base del siguiente dibujo. Acentuando determinadas líneas y descartando otras, empieza el proceso de abstracción. Es un ejercicio puramente del hemisferio izquierdo del cerebro, ya que intentamos crear orden y diseño en nuestro dibujo.

El dibujo acabado

Aplicar tono para sugerir la forma hace que el dibujo atraviese nuevas dimensiones. El resultado acabado es una imagen mucho más estilizada y podría utilizarse como base para un dibujo o una escultura posteriores.

Tal y como afirmó Oscar Wilde: «Ningún gran artista ve las cosas como lo que realmente son. De ser así dejaría de ser artista».

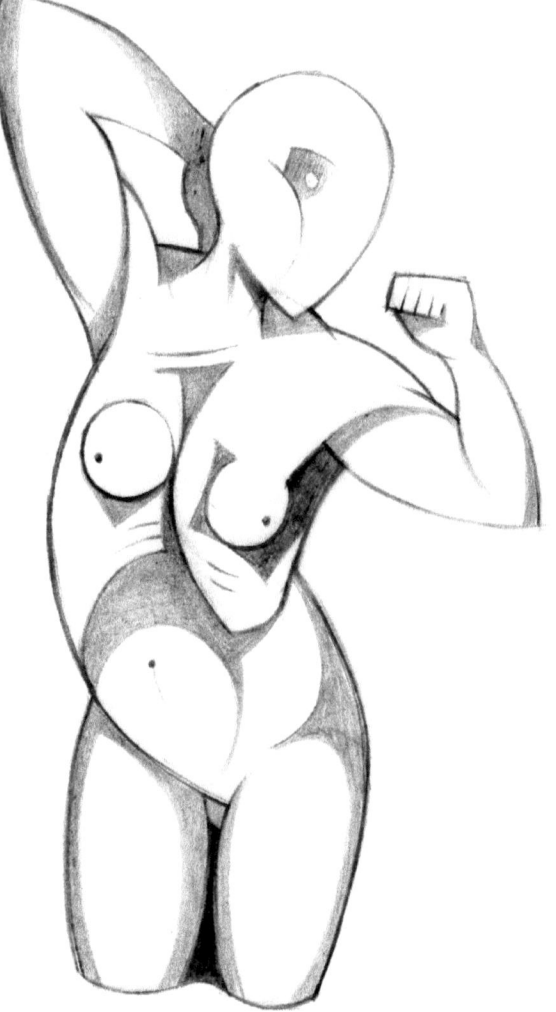

Tono

El tono representa cuánta luz recae sobre un sujeto y la zona que le rodea, por lo que no debe confundirse nunca con el color. El tono nos ayuda a crear volumen y profundidad al aplicarse al dibujo y su uso también puede ser un medio de expresión para sugerir tanto un estado anímico como el ambiente. Un ejemplo de todos estos puntos puede hallarse en los dibujos del pintor francés neoimpresionista Georges Seurat (1859-1891).

Seurat dibujaba de un modo muy controlado, utilizando el tono puro para captar la forma mediante la luz y la sombra y sin el uso de la línea. Sus obras, como estos dibujos, estaban minuciosamente planteadas, es decir, con poca espontaneidad, pero con unos resultados impactantes. Muchacho sentado con sombrero de paja, dibujado con lápiz de cera en 1882 es un ejemplo del uso de Seurat del tono puro.

El tono puede conseguirse de distintos modos en función del medio que se emplee. El carboncillo es muy popular para producir tonos o efectos tonales, así que experimenta al máximo con él y verás cómo conseguirás resultados muy diversos.

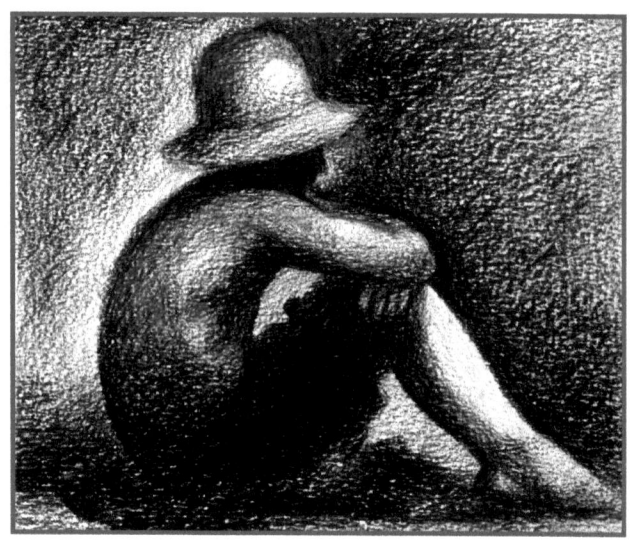

Mi versión del dibujo de Seurat Muchacho sentado con sombrero de paja.

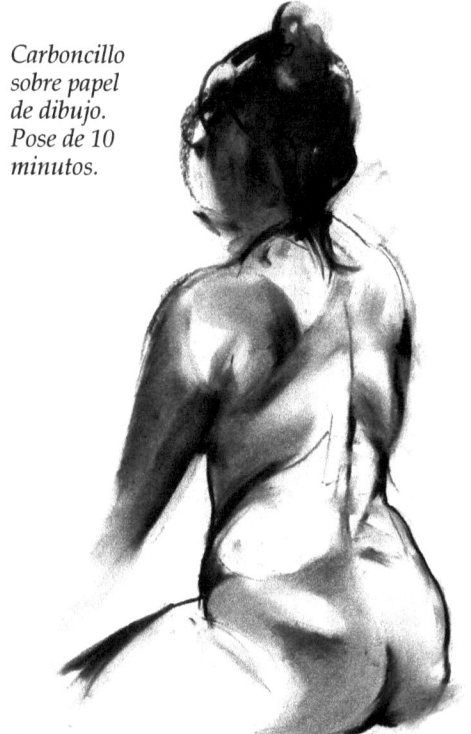

Carboncillo sobre papel de dibujo. Pose de 10 minutos.

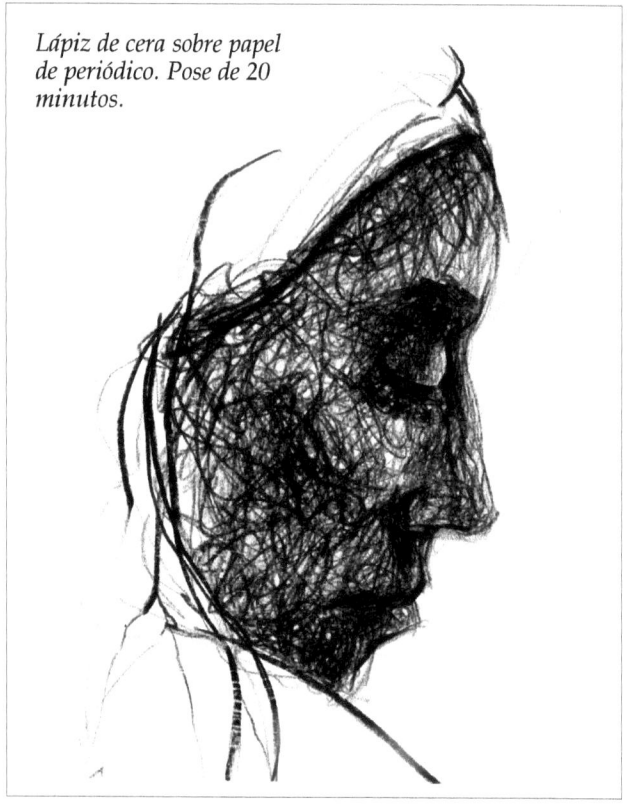

Lápiz de cera sobre papel de periódico. Pose de 20 minutos.

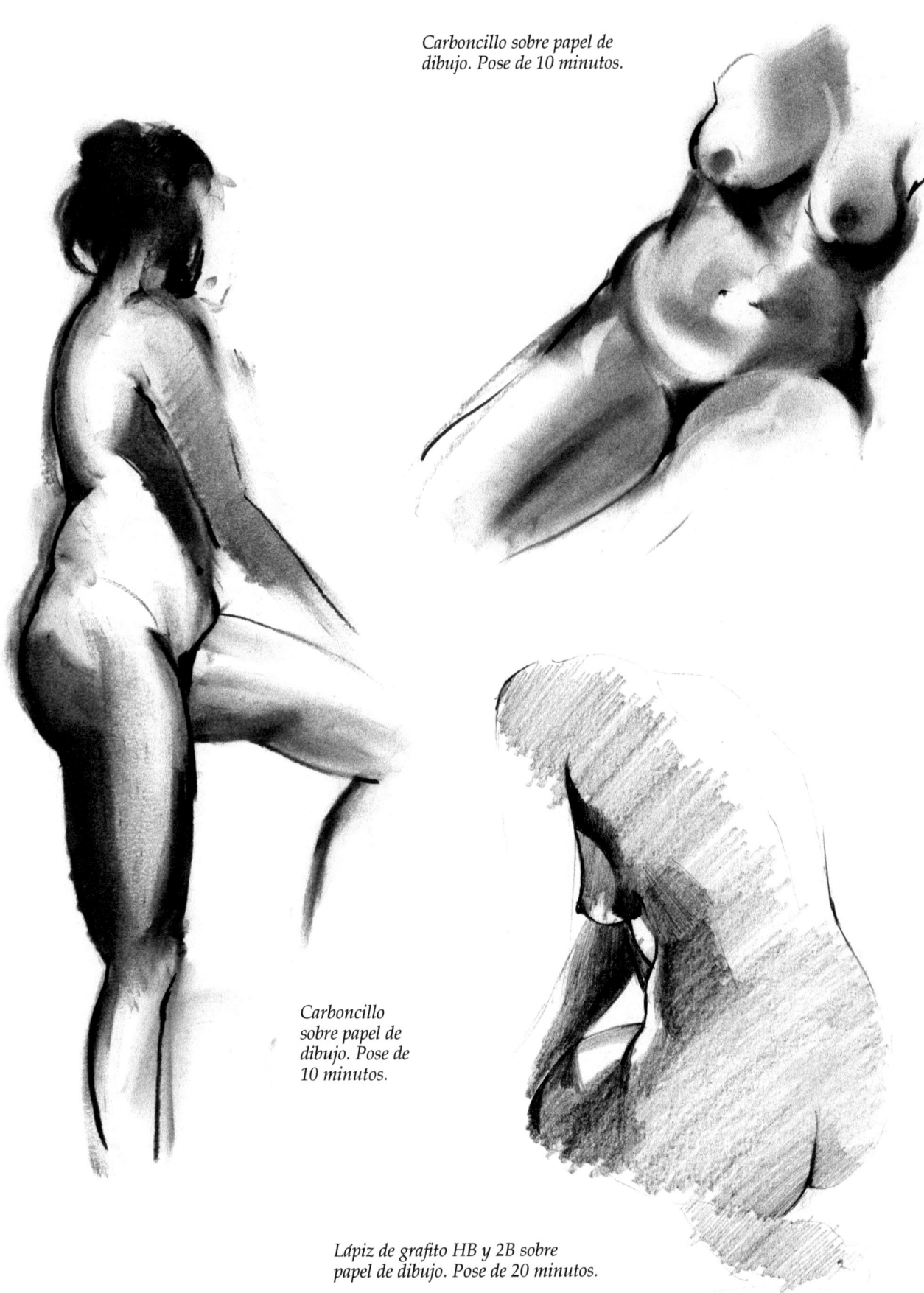

Carboncillo sobre papel de dibujo. Pose de 10 minutos.

Carboncillo sobre papel de dibujo. Pose de 10 minutos.

Lápiz de grafito HB y 2B sobre papel de dibujo. Pose de 20 minutos.

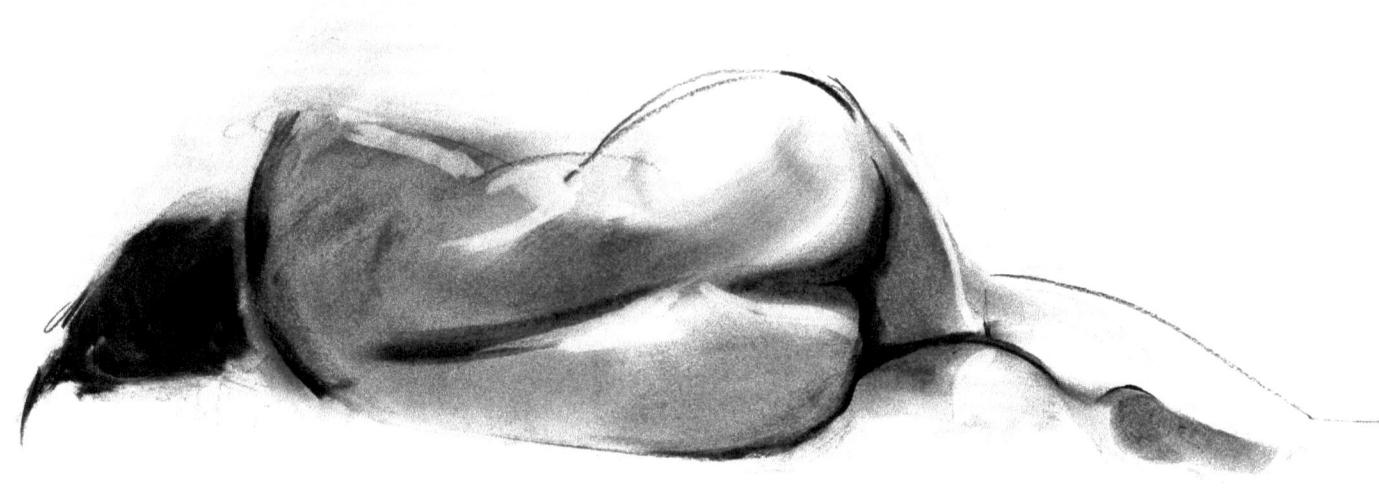

Carboncillo sobre papel de dibujo. Pose de 15 minutos.

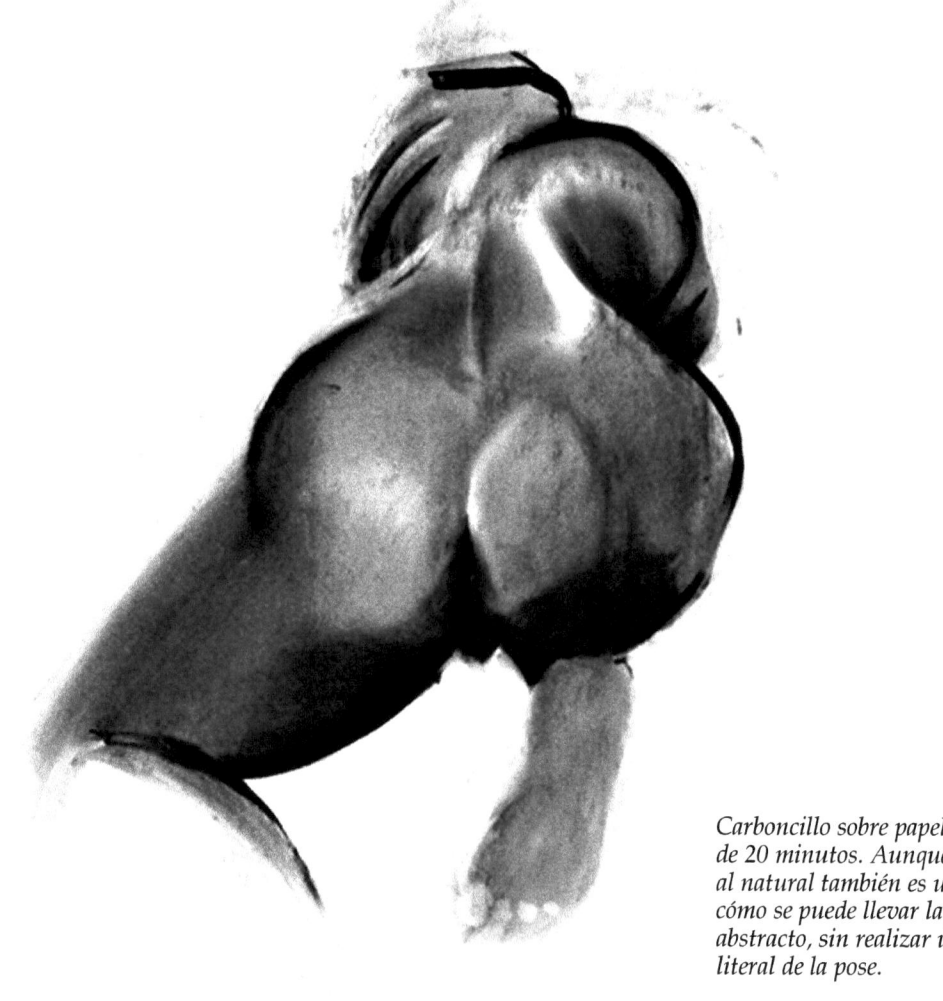

Carboncillo sobre papel de dibujo. Pose de 20 minutos. Aunque está dibujado al natural también es un ejemplo de cómo se puede llevar la forma al terreno abstracto, sin realizar una impresión literal de la pose.

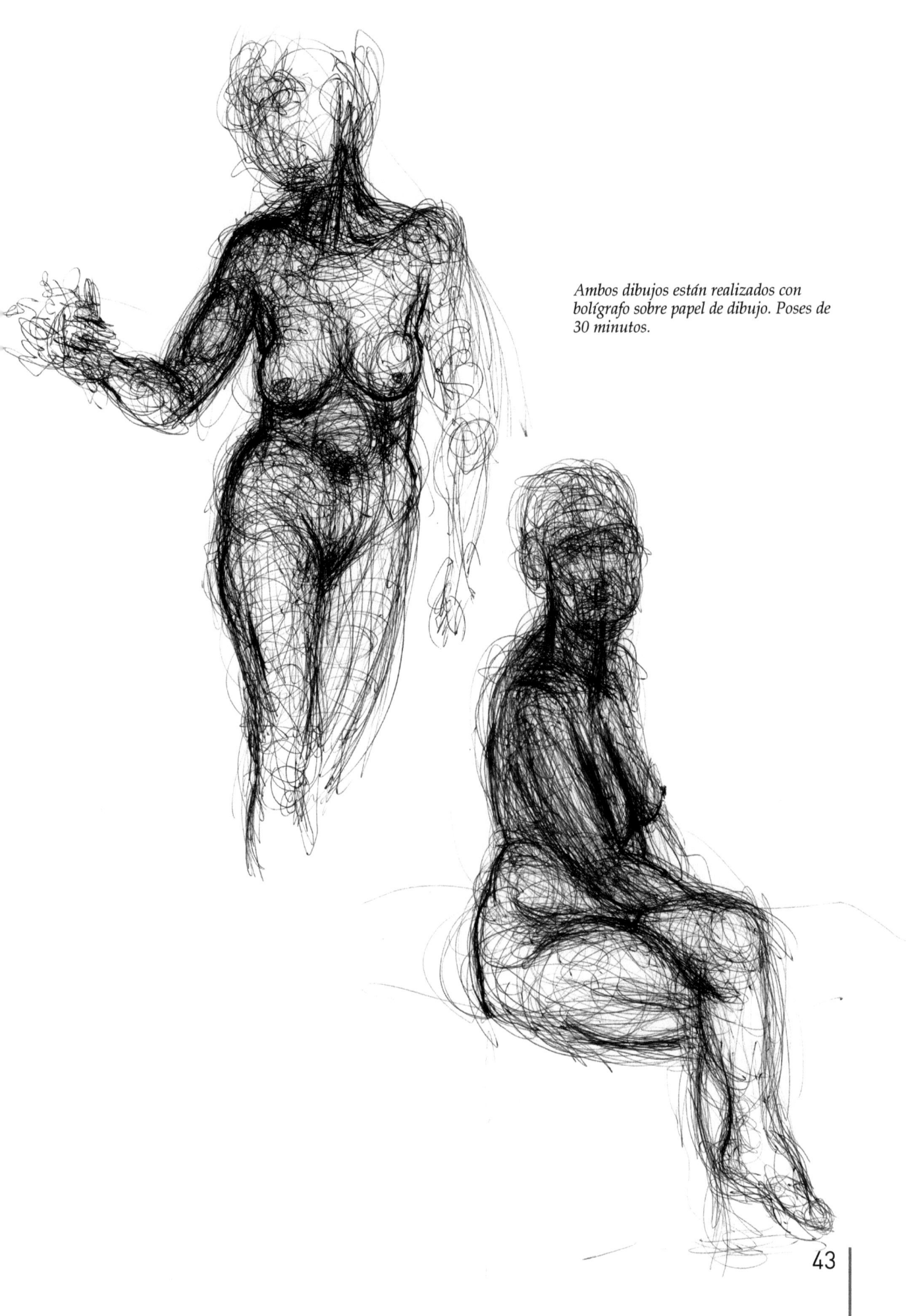

Ambos dibujos están realizados con bolígrafo sobre papel de dibujo. Poses de 30 minutos.

TÉCNICAS DE SOMBREADO

Lápiz de grafito

Crear tono con un lápiz de grafito funciona muy bien en zonas relativamente pequeñas y tu elección del número del lápiz —si es blando o duro— tendrá importancia en la profundidad del tono que crees. Al sombrear una zona grande con un lápiz de grafito, y para conseguir una mejor cobertura, afílalo en un ángulo bajo para exponer más mina. Sostén el lápiz en torno a un ángulo de 45 ° y utiliza el lado de la mina y no de la punta para producir un tono gradual con trazos rápidos de adelante hacia atrás.

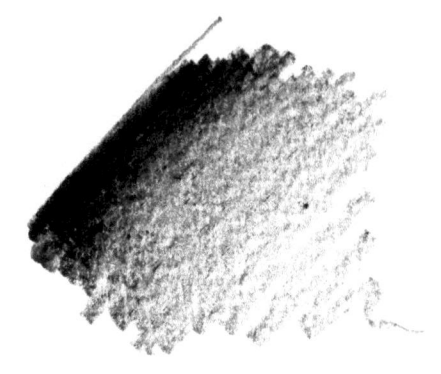

Aquí expongo un ejemplo de la franja de tonos que puede producir un lápiz de grafito 2B: desde un tono sólido y oscuro hasta un gris bastante suave.

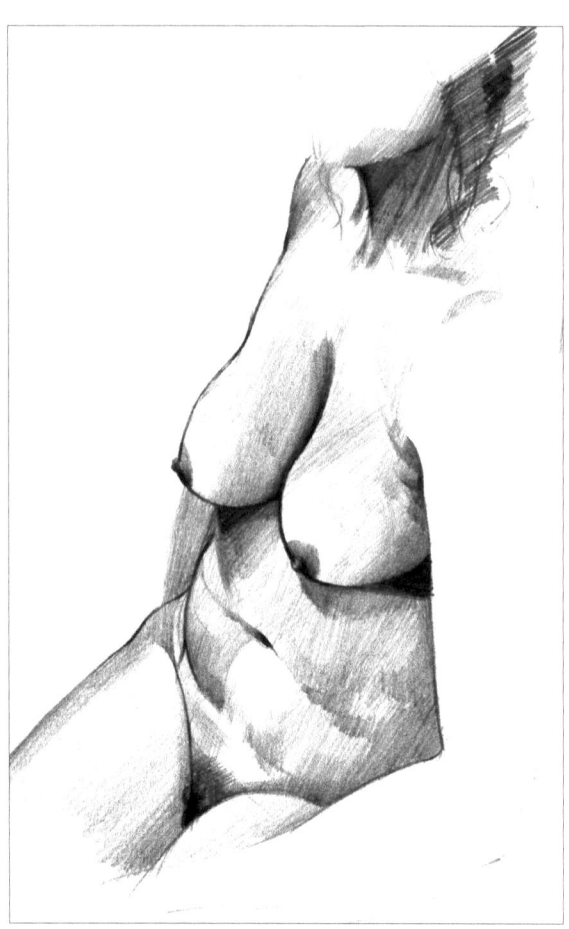

Lápiz grafito HB sobre papel de dibujo. Pose de 1 hora. Las líneas y los tonos muestran toda la franja que se puede lograr con un lápiz HB.

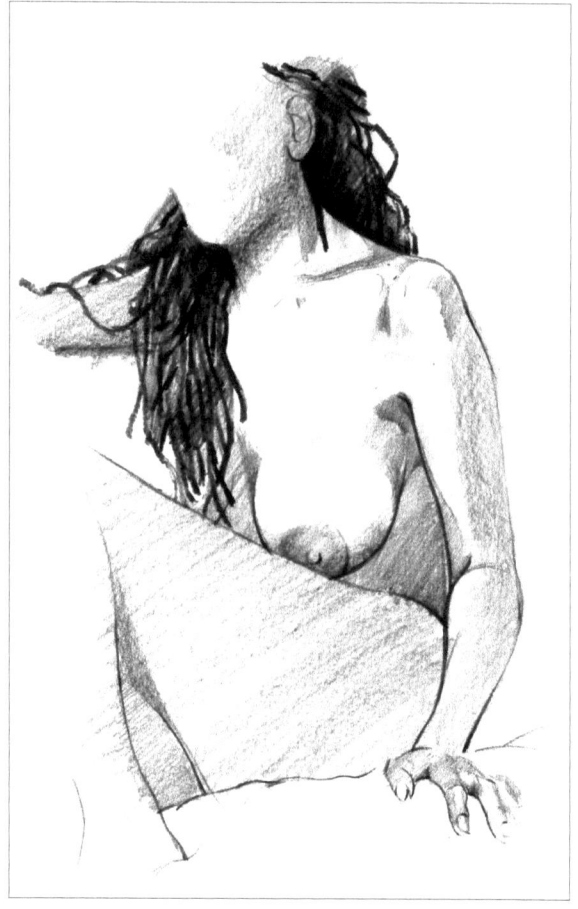

Lápiz grafito 2B sobre papel de dibujo. Pose de 1 hora. Los tonos conseguidos con este lápiz 2B son más oscuros y un poco más granulados que con el HB, ya que se deposita más grafito en la página.

Bolígrafo y lápiz de cera

Utilizar un medio más duro como lápiz de cera o bolígrafo implica que solo se creará la ilusión del tono utilizando líneas duras y sólidas sobre un papel blanco. Con un medio más blando, como el lápiz de grafito, se aplica el tono sobre el papel, según la cantidad de grafito depositado.

La dureza del bolígrafo puede aprovecharse para simular un efecto tonal, aplicando una técnica de sombreado con líneas cruzadas (véase ejemplo en el lado derecho).

Con un lápiz de cera duro me gusta utilizar uno de los dos métodos que voy a describir a continuación para dar tono al dibujo. El primero es una variación del sombreado con líneas cruzadas, y que consiste en hacer garabatos al azar sobre la zona a cubrir. Cuanto más concentrados sean los garabatos, más denso parecerá el tono.

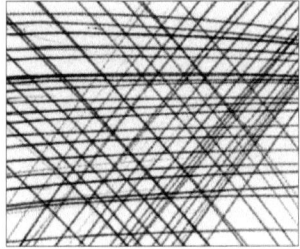

Sombreado cruzado con bolígrafo.

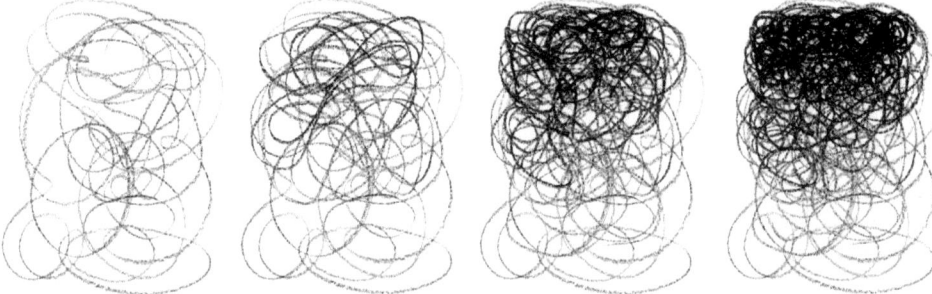

Tono creado con garabatos, utilizando un lápiz de cera con diferentes intensidades.

El segundo método consiste en sostener un lápiz de cera, formando un ángulo ligeramente bajo y emplearlo con movimientos lineales, creando así una concentración de cera que cree una impresión de tono. Si se le aplica mayor presión, se consigue un tono más oscuro.

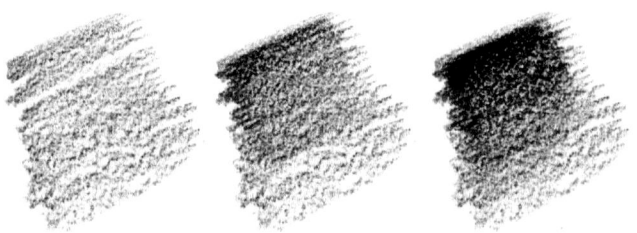

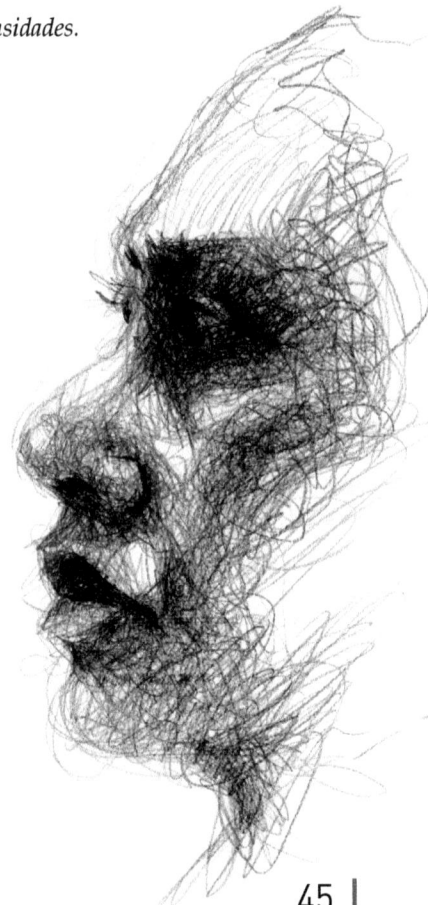

Retrato tonal de Dee con garabatos formados con lápiz de cera sobre papel de periódico. Pose de 30 minutos.

Un estudio del tono

Ahora voy a guiarte paso a paso en un dibujo al natural con tonos puros al modo de algunos dibujos elaborados por Georges Seurat, así pues, buscaremos crear tono pero sin utilizar las líneas.

Utiliza un lápiz de cera duro sobre papel de dibujo o papel granulado grueso. La respuesta de la superficie del papel frente al lápiz es parte integral de esta técnica y, por lo tanto, cuanto más granulado sea el papel, más acentuado quedará el resultado.

Un punto importante de la composición puede ser cómo iluminar al sujeto. Emplea una fuente de luz brillante, natural (sol directo) o artificial (una lámpara ambiental), para iluminar a la figura. Crea una imagen dramática dirigiendo el foco de luz sobre el modelo para producir un fuerte contraste en la piel. Dependiendo del ángulo de la iluminación podrás conseguir contornos muy interesantes en el cuerpo, gracias a las sombras creadas.

No trabajes a una escala demasiado grande; tu elección del medio siempre debería dictar el tamaño con el que tienes que trabajar. Si utilizas este método sobre un formato grande, no solo disminuirá el efecto granulado sino que la tarea acabará siendo monumental.

Dibuja empleando tanto la punta como el lateral del lápiz de cera y aplica el tono con movimientos suaves y circulares para conseguir una cobertura igualada, sobre todo en las zonas más oscuras.

Para poder acentuar los tonos que estés estudiando, achica los ojos y verás el contraste con mayor claridad.

Este proyecto detallado paso a paso está basado en una pose de 2 horas, realizado con lápiz de cera sobre un papel de dibujo rugoso. La habitación estaba tenuemente iluminada y, para crear contraste, utilicé una lámpara pequeña que apuntaba a la modelo desde la derecha y desde atrás. También había un poco de luz natural tenue que provenía de la ventana situada tras de ella y cuyo efecto puede apreciarse en el lado derecho de la cara.

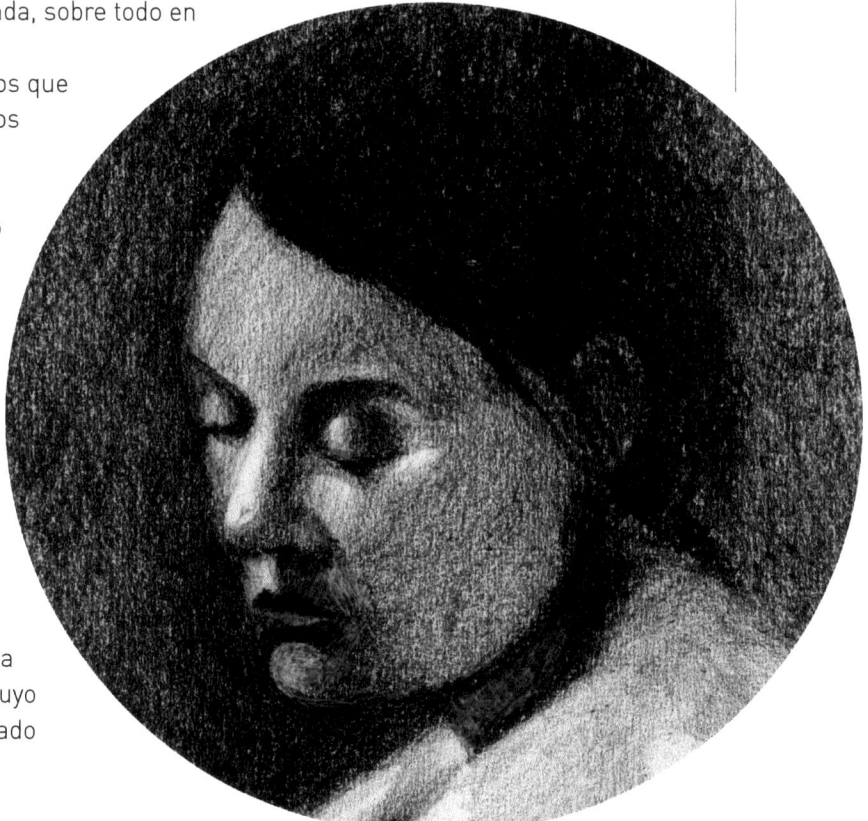

Detalle del estudio acabado.

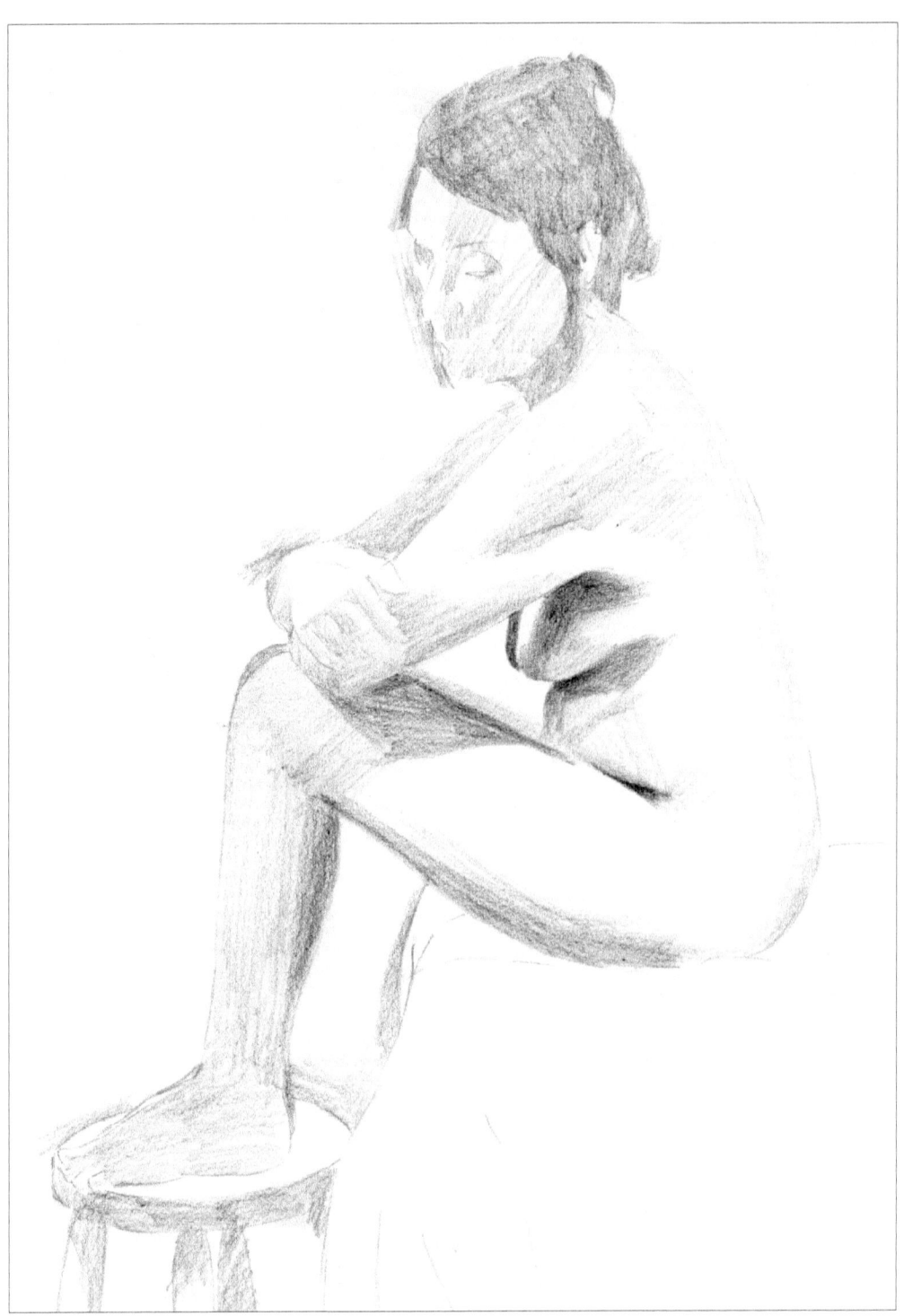

I Capta el contorno y algunos detalles clave del tono, evitando líneas duras.
Aquí he utilizado toques muy suaves, hechos con la cera, pero en esta primera fase ya he empezado a resaltar las zonas más oscuras y las «líneas» más duras; por ejemplo, donde el estómago descansa sobre los muslos. En general, las marcas siguen el movimiento del cuerpo y en esta fase no estoy muy preocupado por conseguir un tono igualado y perfecto, ya que a medida que vaya avanzando el dibujo, la tosquedad irá ocultándose.

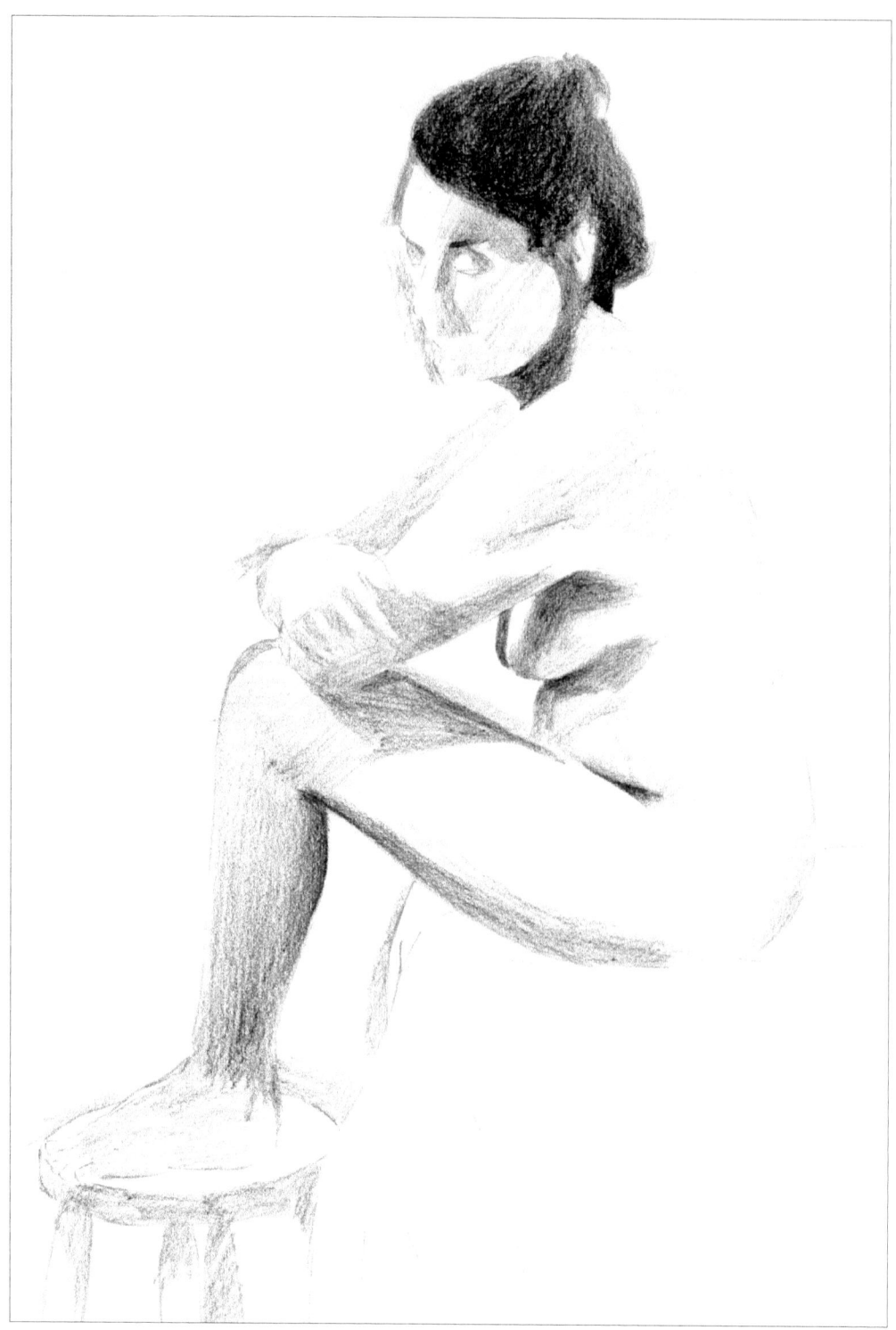

2 Cuando ya estés cómodo y creas que ya has colocado todo en su sitio, empieza a reforzar los tonos y a resaltar algunos detalles. Utiliza un toque de luz y una presión igualitaria para evitar que haya demasiada variación en el tono. El pelo es la zona más oscura y, por lo tanto, lo he oscurecido en diferentes fases. He aplicado mayor presión para conseguir depositar más cera en la página, pero sin que llegue a quedar un color negro sólido. Es mejor que todos los tonos se vayan oscureciendo a la vez. El trabajo en la pierna y en el cuello se ha intensificado y también ha empezado a aparecer un poco el fondo alrededor del antebrazo.

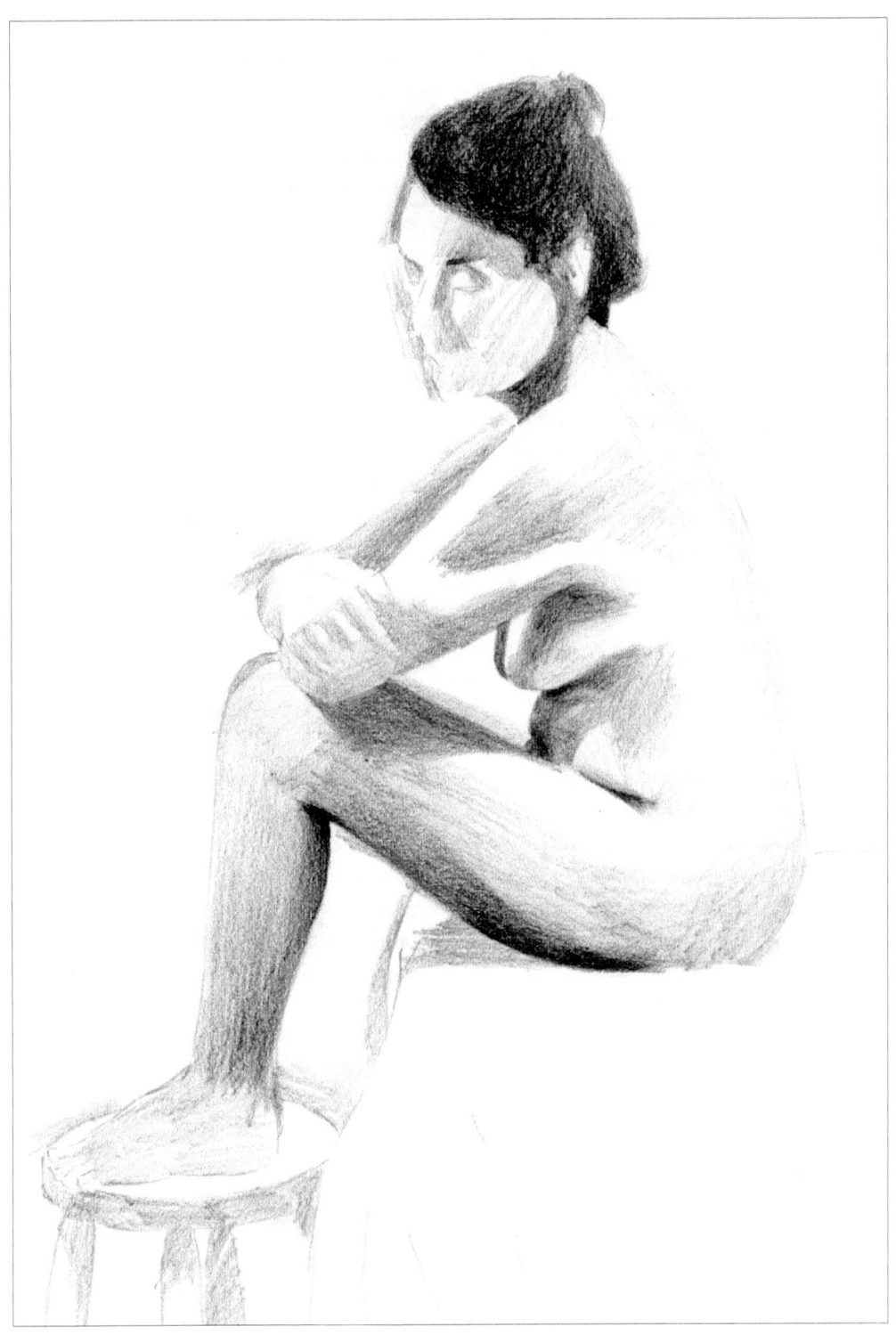

3 Decide cuáles son las zonas más iluminadas y las zonas más oscuras de la modelo. Para conseguir una visión más tonal, frunce el ceño y cierra los ojos, y verás que el contraste se exagera. En esta pose, las zonas más iluminadas son la parte superior del pecho y la cara, mientras que las más oscuras son el pelo y las sombras que recaen sobre el cuerpo. Ahora dibuja los tonos más oscuros y empieza a añadir también tonos intermedios. El dibujo evolucionará si trabajas en todas las zonas, creando el tono a medida que progreses. No caigas en la tentación de añadir detalles demasiado pronto.

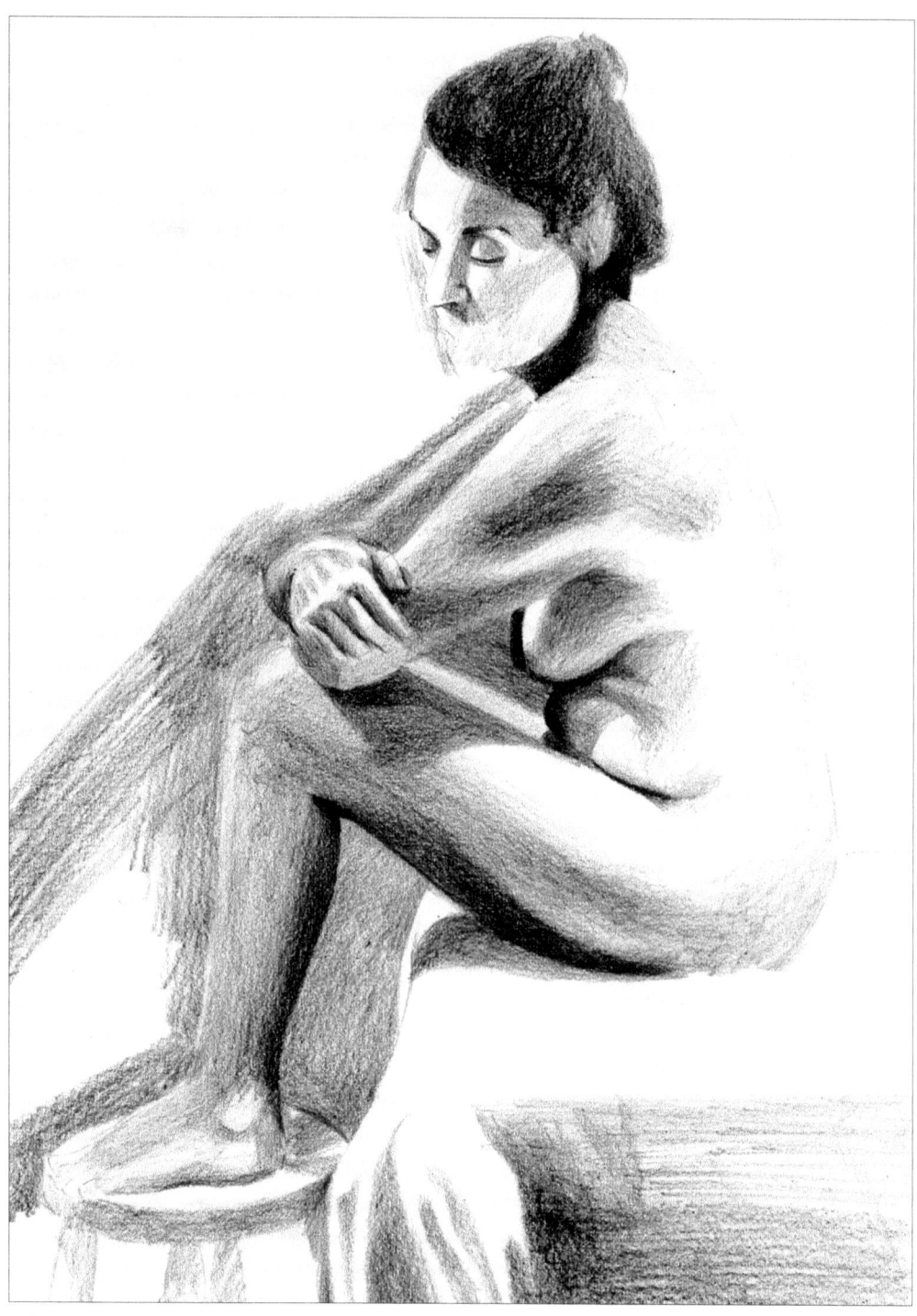

4 Algunas de las sutiles diferencias tonales y contornos del cuerpo no son aparentes a primera vista, pero a medida que tu ojo se ajuste a la luz, esas sutilezas irán emergiendo. Ten en cuenta que, durante una pose larga, la luz puede cambiar y esa variación en la intensidad de la luz puede ocurrir utilizando luz solar.

Dibuja las zonas más oscuras; en este estudio estaban en el lado interior de la pierna. Tomando el blanco del papel como el tono más claro, conseguirás un rango tonal que irá desde el claro hasta el oscuro.

El dibujo ya está empezando a captar detalles en algunas zonas concretas. La sombra en la parte superior de la pierna emerge mientras utilizo un movimiento circular suave para aplicar el tono en lugar de emplear líneas duras.

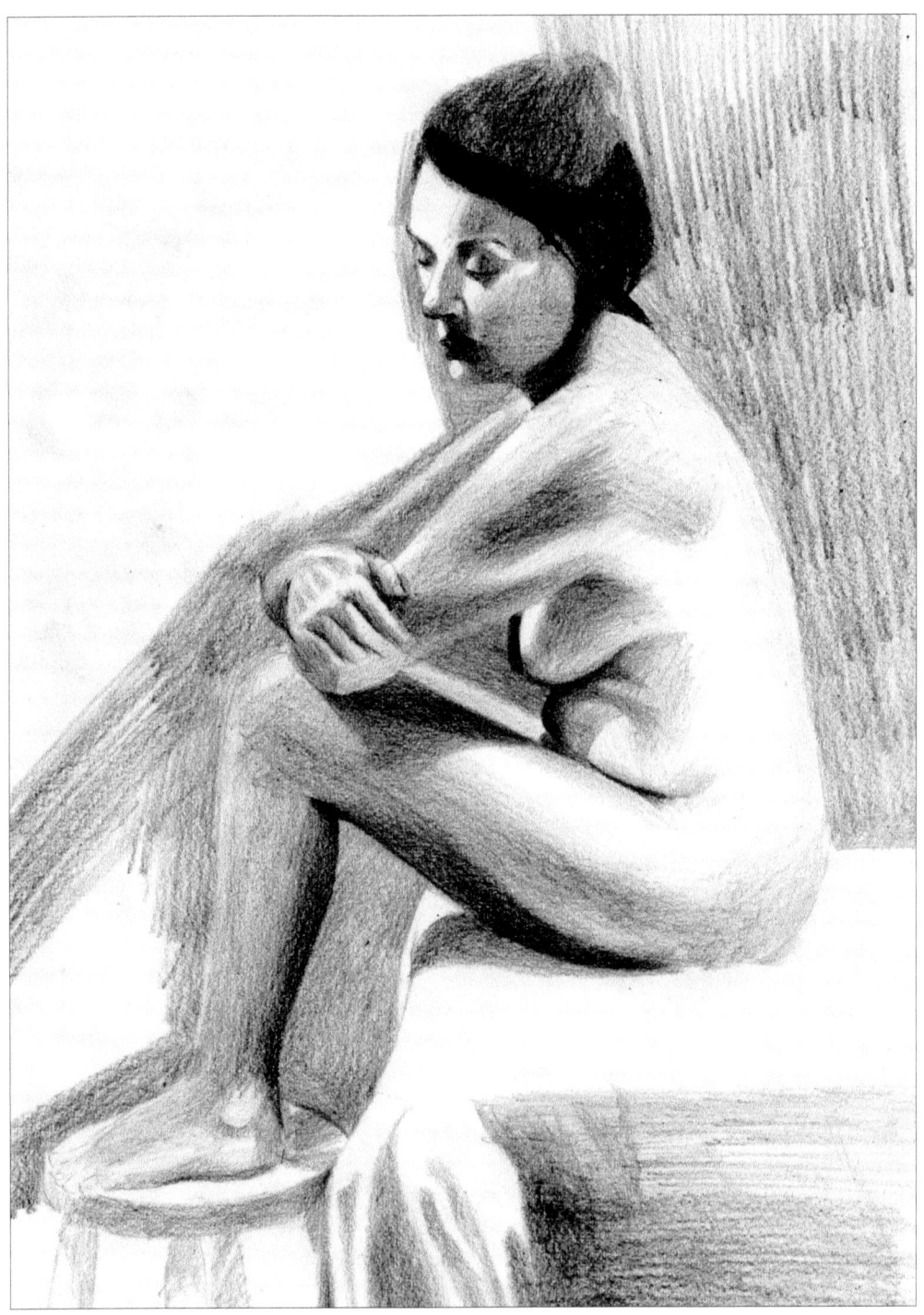

5 Añade un poco más de fondo. Aquí he incorporado un fondo oscuro para crear profundidad y también para resaltar la luz del reflejo de la mesa y las partes del cuerpo más iluminadas. Para restaurar el equilibrio tonal, he oscurecido un poco más el pelo y he añadido más detalles en la cara y la boca.

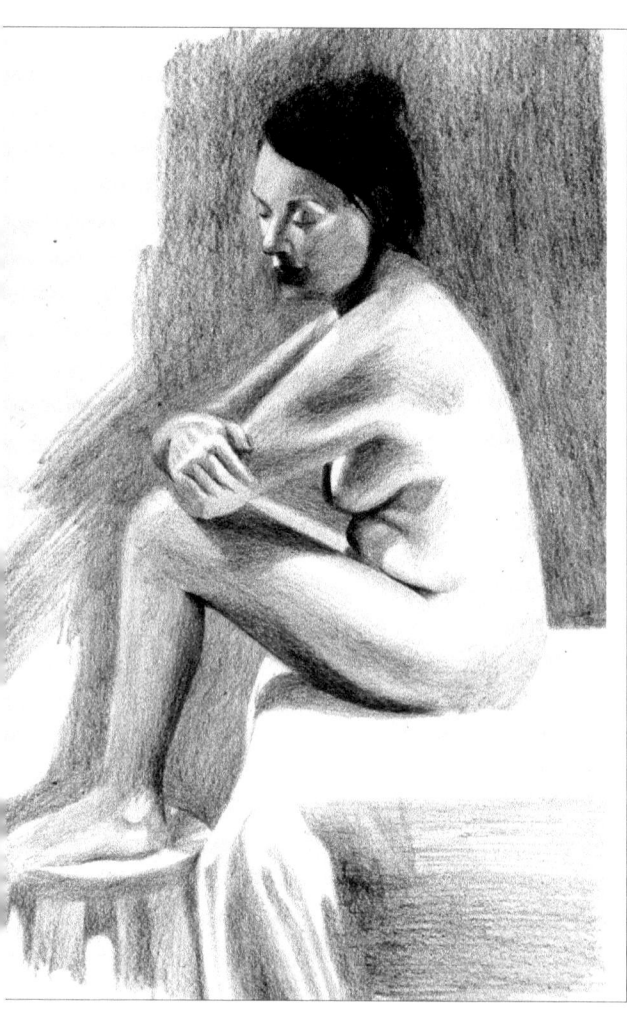

6 Trabaja un poco más el fondo con un toque de luz y movimientos circulares para crear un efecto suave y esconder la tosquedad de las marcas iniciales del dibujo. Trabaja con todo el dibujo, de modo que algunas zonas queden casi acabadas. El pelo ya estará terminado y el taburete bajo de los pies de la modelo prácticamente detallado.

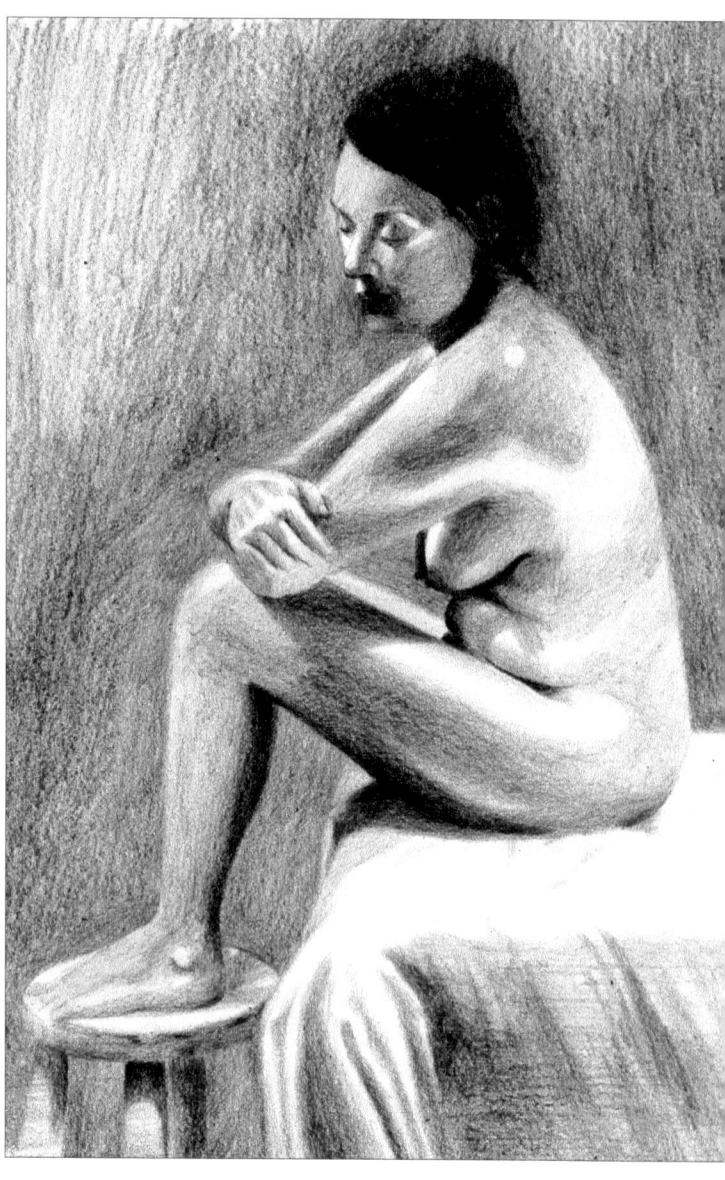

7 La sutil variación de tonos y la forma de los músculos empezará a hacerse evidente. El fondo continuará transformándose y se añadirán más detalles a la silla y a la funda.

Los tonos del cuerpo también se mejoran y se puede ver cómo se crea un reflejo en el hombro sencillamente oscureciendo un poco la zona circundante.

(Al lado)

El dibujo ya está acabado. Lo he llevado hasta el punto deseado. La zona en torno a la boca y el cuello me había quedado demasiado trabajada y oscura, así que eliminé un poco de la cera sobrante con un escalpelo afilado y acabé de trazar la imagen con la punta de la cuchilla. (Véase más de cerca el detalle de esta zona en la página 46).

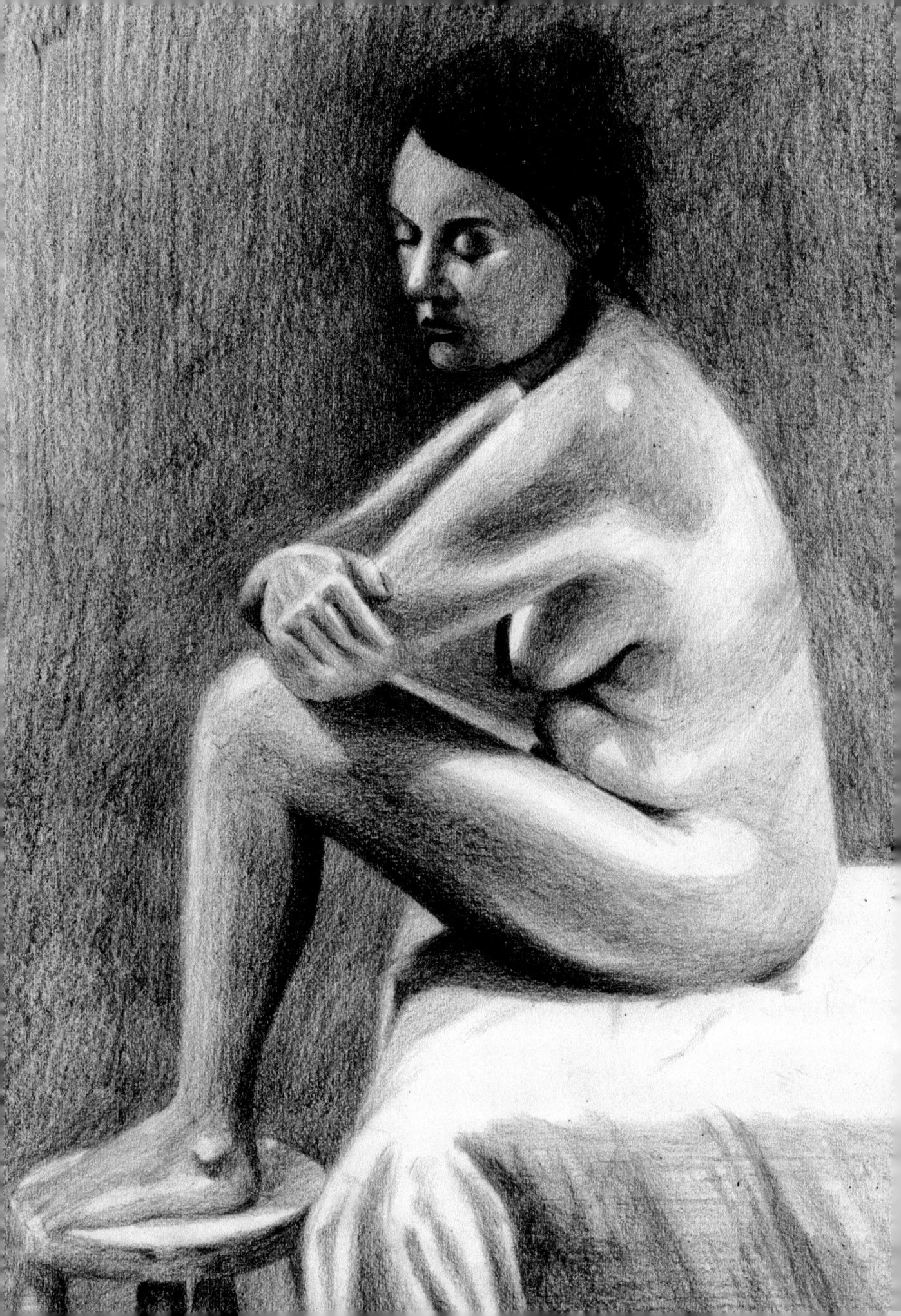

Dibujo con garabatos

«Dibujar es como llevar a una línea de paseo».
Paul Klee

Empecé a dibujar con garabatos después de ver los esbozos del artista polaco Feliks Topolski (1907-1989). El maestro sabía captar a la perfección los acontecimientos de su época con unas cuantas líneas curvadas, y su simpleza hizo que muchos le admirasen. Al adoptar su enfoque simplista, encontré en su técnica un acto liberador y también atrevido. Hemos visto cómo la técnica de utilizar un número limitado de trazos para plasmar la esencia de una pose conduce a dibujos gestuales rápidos (véase en las páginas 26-29). Ahora vamos a intentar dibujar con garabatos para poses más largas y controladas.

EL MÉTODO

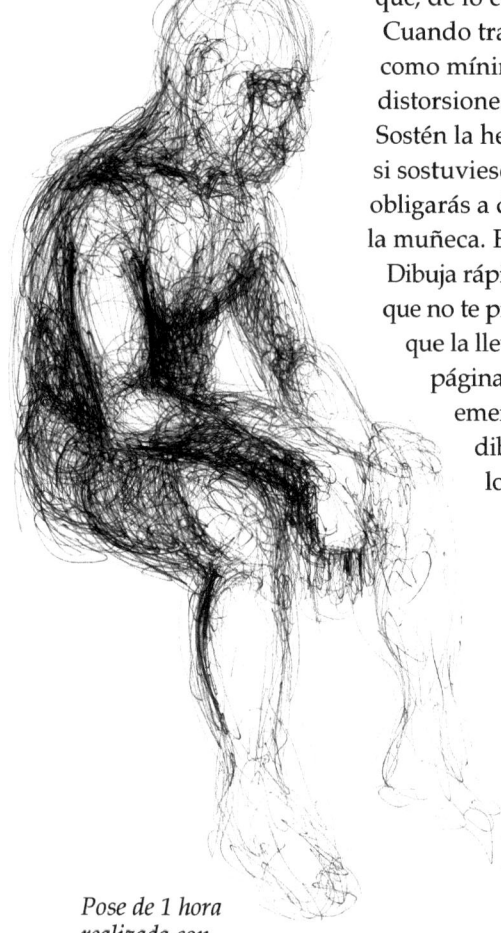

Pose de 1 hora realizada con bolígrafo.

Si utilizas un lápiz de cera o una barra de grafito, trabaja con formatos más grandes: A2 o incluso mayor. Ambos medios te permitirán trabajar rápido y cubrir una zona amplia. Si prefieres dibujar con bolígrafo o lápiz, hazlo a escala más pequeña ya que, de lo contrario, te enfrentarás a una tarea faraónica.

Cuando trabajes con formatos grandes, utiliza siempre un caballete o, como mínimo, coloca el tablero de dibujo en vertical. Así minimizarás las distorsiones visuales porque el dibujo y el sujeto estarán en el mismo plano. Sostén la herramienta de dibujo entre el pulgar y la punta de los dedos, como si sostuvieses un cepillo de dientes en vez de una pluma. De esta manera, te obligarás a dibujar desde el codo y el hombro en lugar de hacer la fuerza con la muñeca. Esta posición te concederá mayor control sobre zonas grandes.

Dibuja rápido y espontáneamente. La velocidad es clave en esta técnica, así que no te preocupes por los detalles. En vez de «llevar la línea a pasear», parece que la llevemos a correr, a hacer un esprín final. Dibuja cubriendo toda la página y no te centres en ninguna zona en concreto, para que el dibujo vaya emergiendo gradualmente ante tus ojos. De este modo, irás captando el dibujo global e irás equilibrando zonas oscuras e iluminadas, haciendo los ajustes oportunos a medida que vayas progresando.

Es importante que mires constantemente a la persona que estés dibujando, ya que tendrás que analizar la pose, la luz, la sombra y el tono. Tu herramienta de dibujo no debería levantarse prácticamente de la página. La ventaja será que mantendrás el control mientras que el dibujo seguirá siendo bastante libre. Aquí no dependes de una única línea para crear la forma sino que utilizarás una concentración de garabatos para ir creando la ilusión óptica del tono y la forma.

Para aumentar la variación puedes probar diferentes medios. El bolígrafo es idóneo para esta forma de dibujo. La barra de grafito está bien tanto para formatos grandes como pequeños y además, permite combinarse con una goma, que se utilizará como una herramienta más para dar tono y movimiento.

UN EJERCICIO HECHO CON GARABATOS

Para esta demostración he utilizado un bolígrafo sobre un papel de dibujo A4

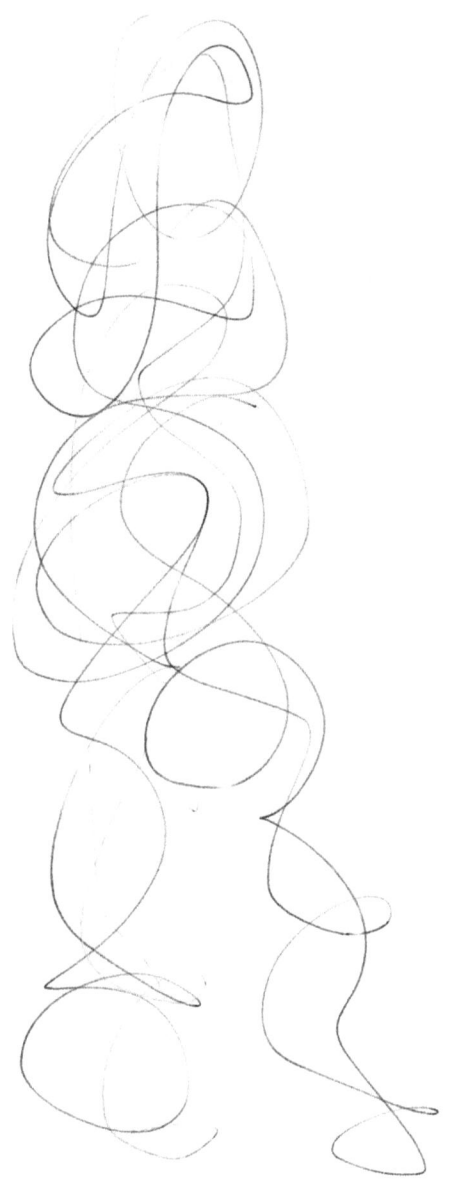

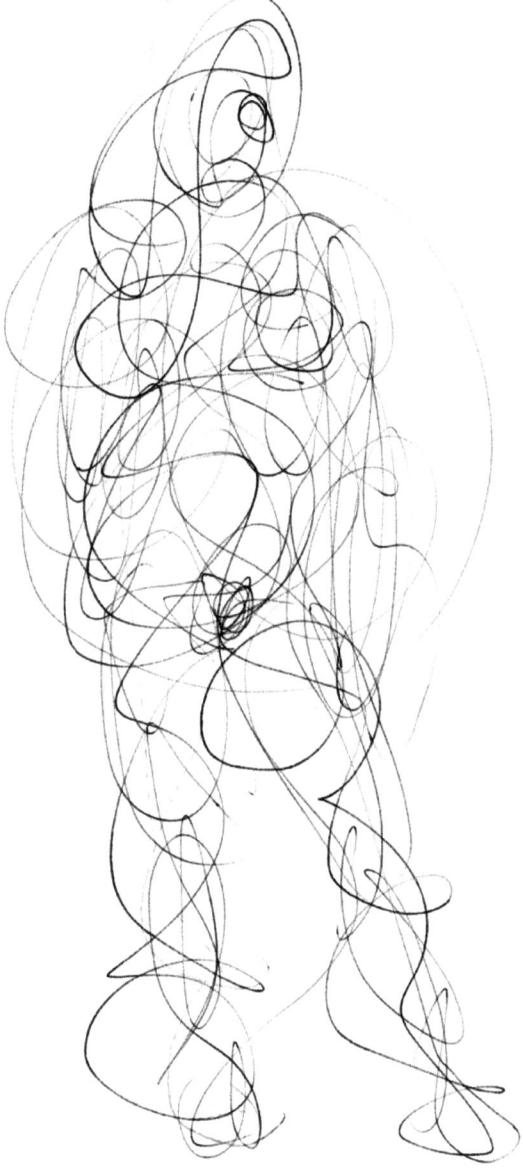

1 Al enfrentarme ante la amenazante página en blanco, en lugar de comportarme como un pintor que acaba con el blanco de la superficie mediante colores, he aplicado el mismo enfoque pero con garabatos hechos aparentemente al azar, manifestando libremente la pose. Con lápiz de cera o con bolígrafo no se puede borrar, pero la belleza de este método reside en que no hay necesidad de borrar las líneas.

2 Haz garabatos sobre la forma global de la pose, descubre aproximadamente las formas y trabaja todo el dibujo a medida que progreses, sin prestar demasiada atención al resultado acabado. Ten en cuenta la variante en el peso de la línea. Si utilizas una presión más suave o más fuerte podrás producir todo un abanico de líneas suaves o duras, incluso con un bolígrafo.

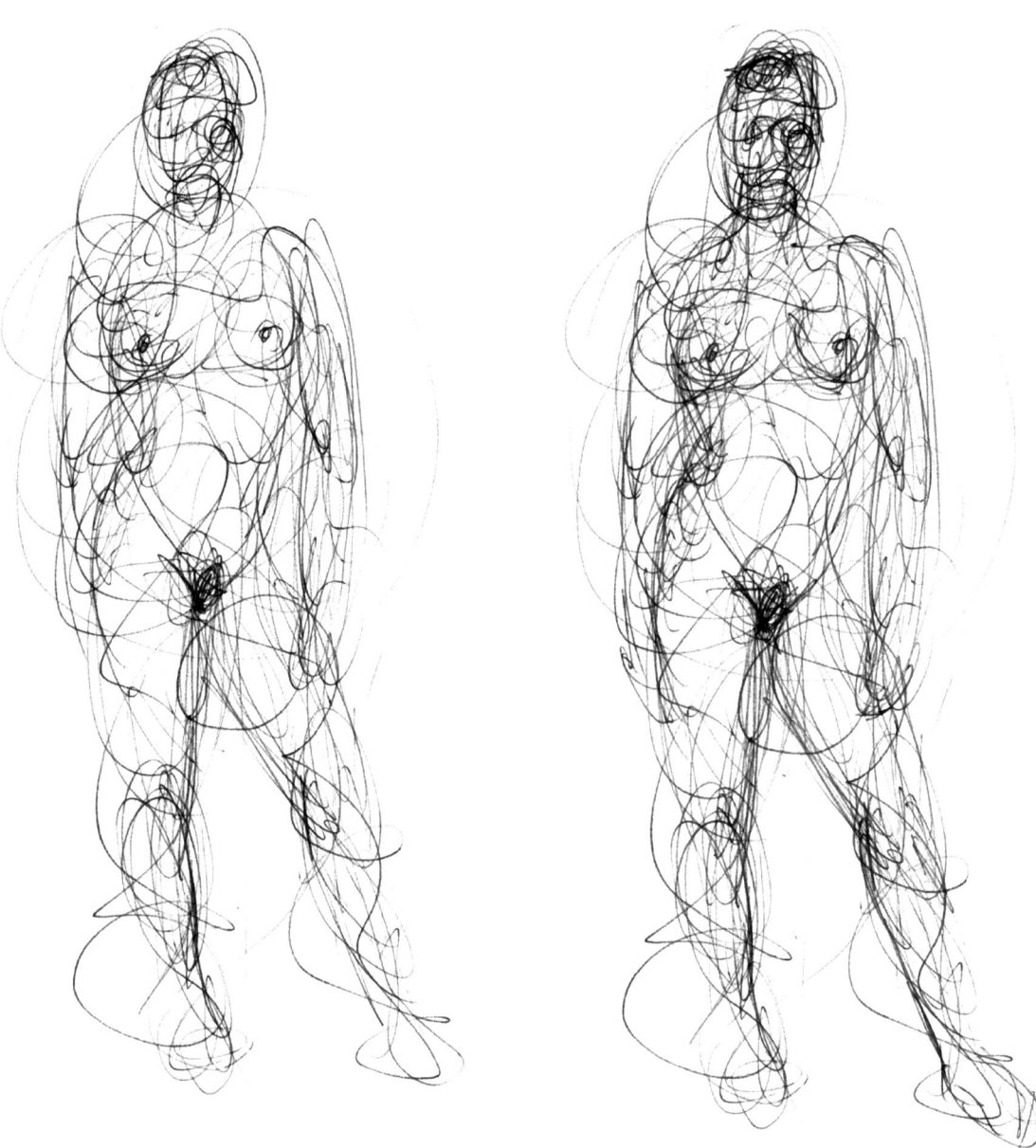

3 Cuando estés satisfecho con las proporciones, céntrate ya en algunos detalles, trabajando más las líneas y añadiendo peso a las marcas. La imagen empezará a crecer.

4 Continúa dibujando toda la figura y asegúrate de que tu medio para dibujar prácticamente no se levante de la página, para garantizar que trabajes a un ritmo ágil. Empieza resaltando los puntos clave y acentuándolos.

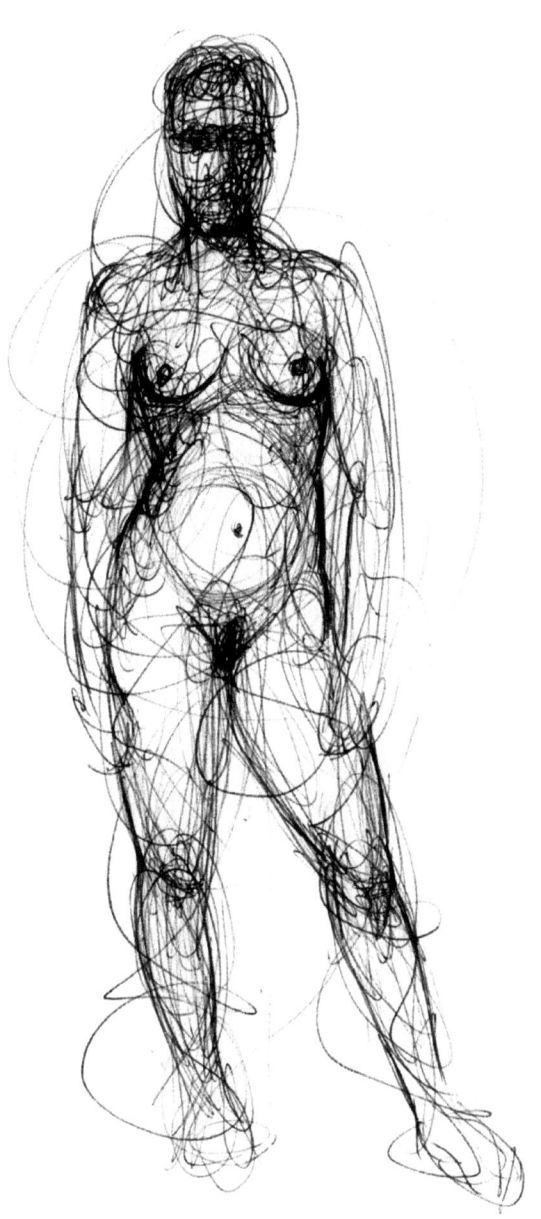

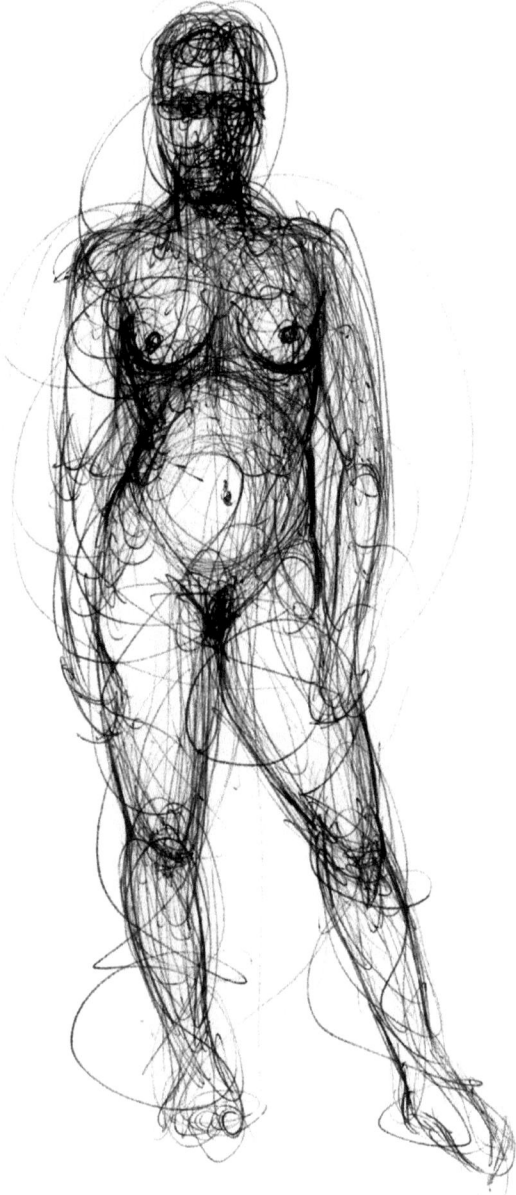

5 Las caderas y el cuello son las dos áreas en las que he centrado el bolígrafo para hacer marcas más fuertes. Da forma al dibujo, teniendo en cuenta tanto el tono como la iluminación del cuerpo.

Dibujo acabado con técnica de garabatos

La capacidad de todo artista reside en conocer cuándo hay que detenerse. Solo tardé unos 20 minutos en acabarlo porque trabajaba con un formato pequeño, un papel de dibujo A4.

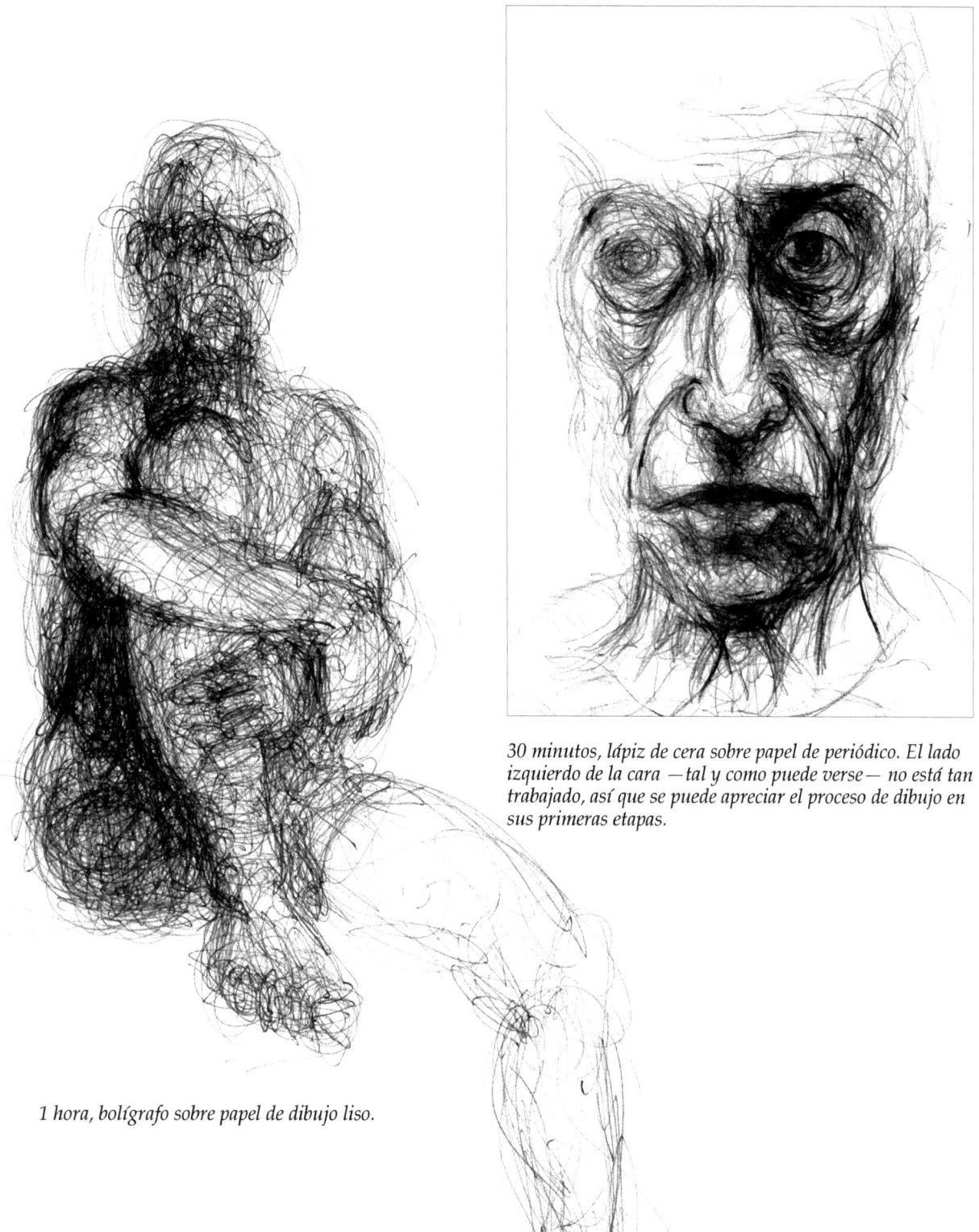

30 minutos, lápiz de cera sobre papel de periódico. El lado izquierdo de la cara —tal y como puede verse— no está tan trabajado, así que se puede apreciar el proceso de dibujo en sus primeras etapas.

1 hora, bolígrafo sobre papel de dibujo liso.

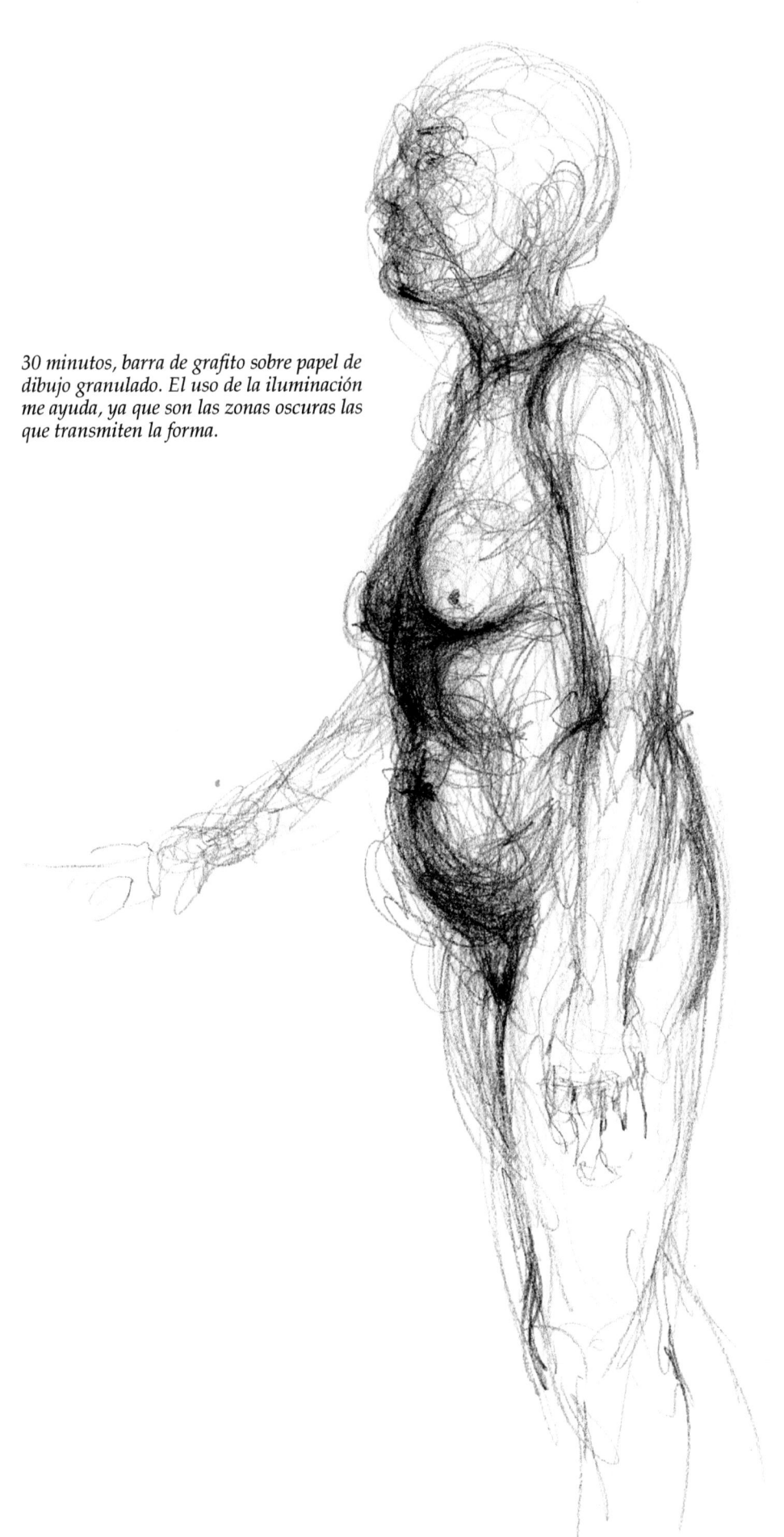

30 minutos, barra de grafito sobre papel de dibujo granulado. El uso de la iluminación me ayuda, ya que son las zonas oscuras las que transmiten la forma.

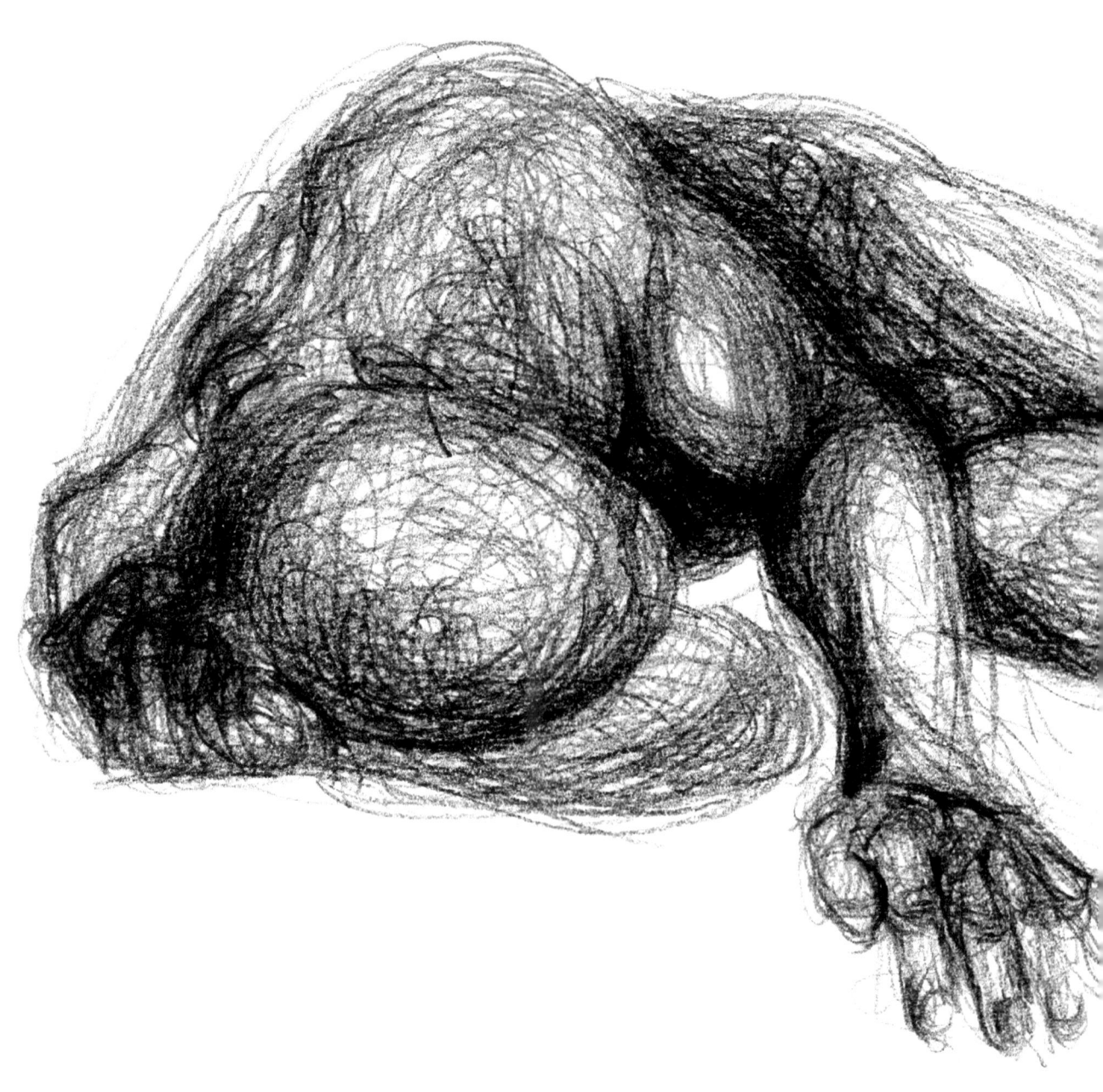

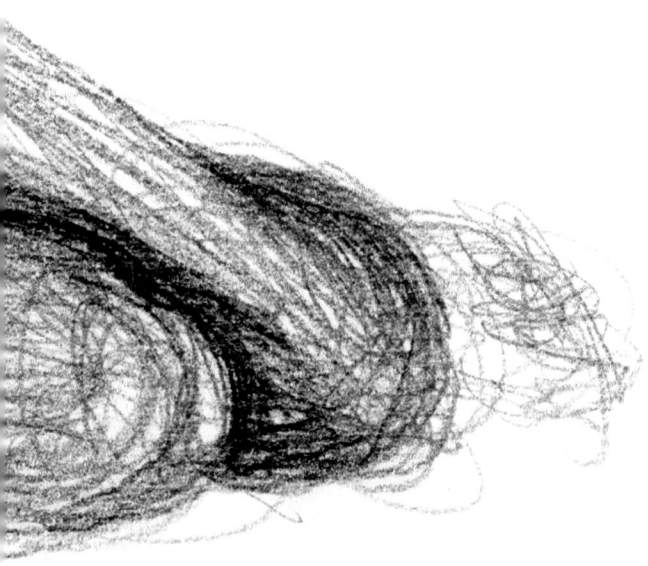

Esta perspectiva realizada durante 1 hora y con lápiz de cera, encaja a la perfección con este modo de dibujar. La pose, de escorzo, y el observar la figura desde un ángulo muy bajo imponen numerosos retos, pero al trabajar constantemente las líneas y las formas antes de crear el dibujo final, se puede ir modificando y ajustando sin tener que utilizar líneas duras.

Utilizar el carboncillo

El carboncillo es el medio que tradicionalmente se elige para el dibujo al natural y, para mí, es el más orgánico. Me encanta el proceso de presionar el carboncillo contra la página, con el dedo o con una goma, viendo cómo emergen las formas, cómo se ajustan y cómo surgen los contornos.

Las barras de carboncillo —excelentes para trabajar rápida y espontáneamente— pueden cubrir grandes zonas con celeridad. Es un medio expresivo que produce una gran variedad de tonos desde delicados grises hasta suaves negros. No dibujes en un formato muy pequeño con este medio, ya que es óptimo para formatos mayores.

El carboncillo comprimido es más duro y no se deshace; produce marcas negras intensas y es más resistente a las manchas.

Cuando produzcas un dibujo detallado con tonos delicados, trabaja por capas, manteniendo las primeras etapas con un espray fijador para que no se levante sin querer nada del delicado trabajo de carboncillo al rozarse con la mano. También puedes utilizar un papel limpio para apoyar tu mano sobre él y evitar así que se corra el trabajo o se produzcan manchas por la grasa. La hidratación natural de los dedos elimina cualquier exceso de carboncillo, de manera que te animo a dibujar con los dedos y con una goma dura.

Si te excedes en el trabajo con carboncillo puedes iluminar una zona con tiza blanca, pero es preferible dejar que se vea el blanco de la hoja. Los tonos muy delicados y los detalles pueden realizarse con un pincel muy fino, de cerda prieta. Como ocurre al escribir a mano, todos tenemos nuestro estilo de dibujo, así que no intentes cultivar uno, sino que deja que tu estilo natural vaya surgiendo.

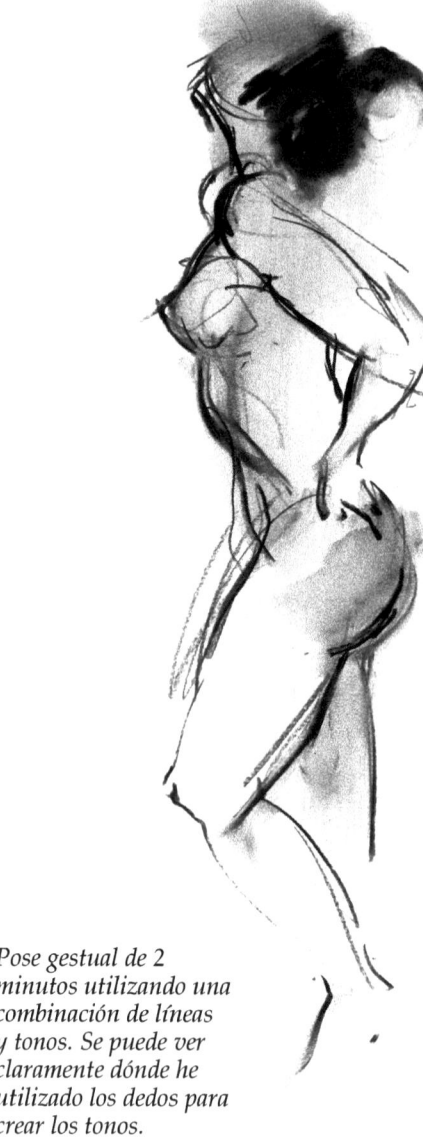

Pose gestual de 2 minutos utilizando una combinación de líneas y tonos. Se puede ver claramente dónde he utilizado los dedos para crear los tonos.

Gesto de 2 minutos dibujado con líneas.

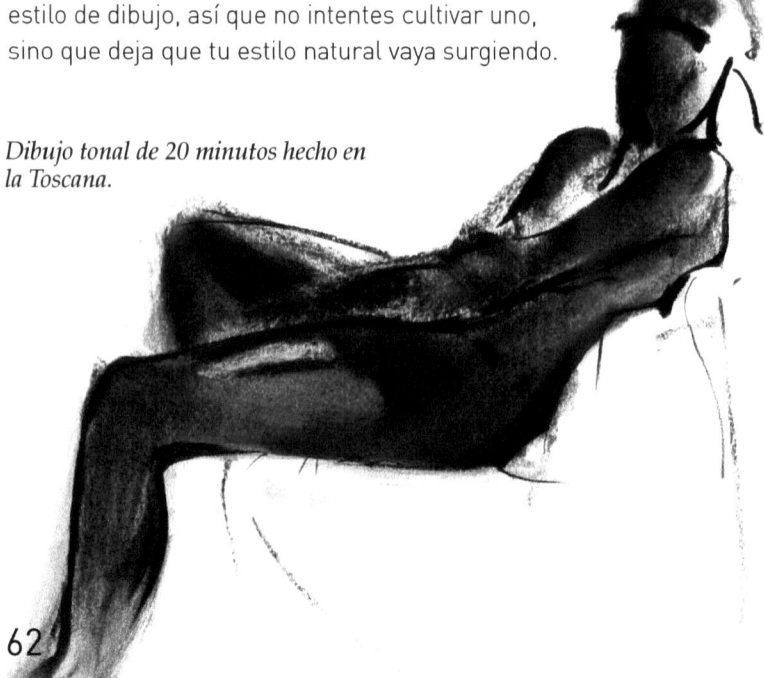

Dibujo tonal de 20 minutos hecho en la Toscana.

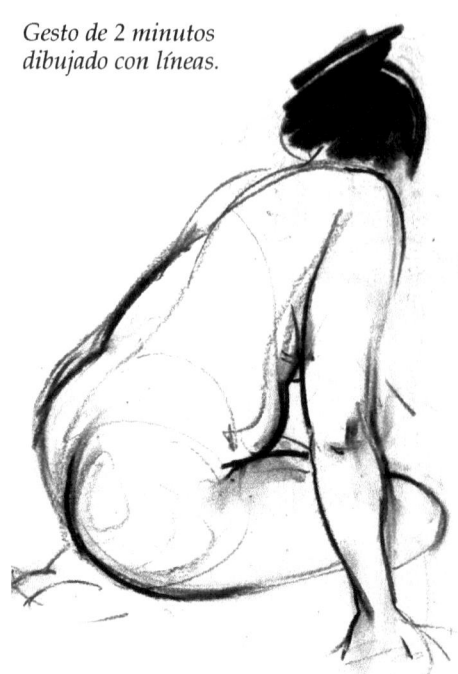

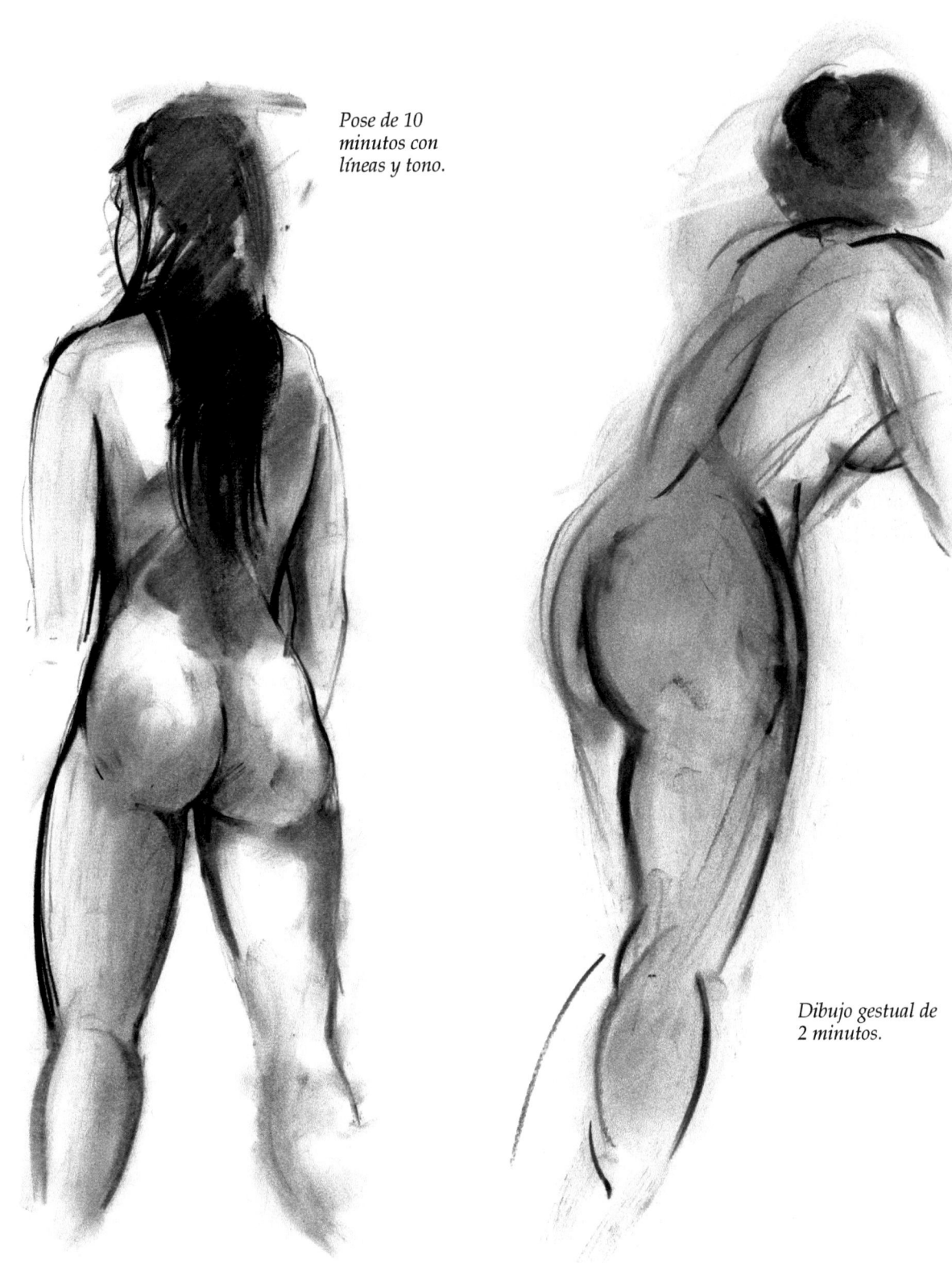

*Pose de 10
minutos con
líneas y tono.*

*Dibujo gestual de
2 minutos.*

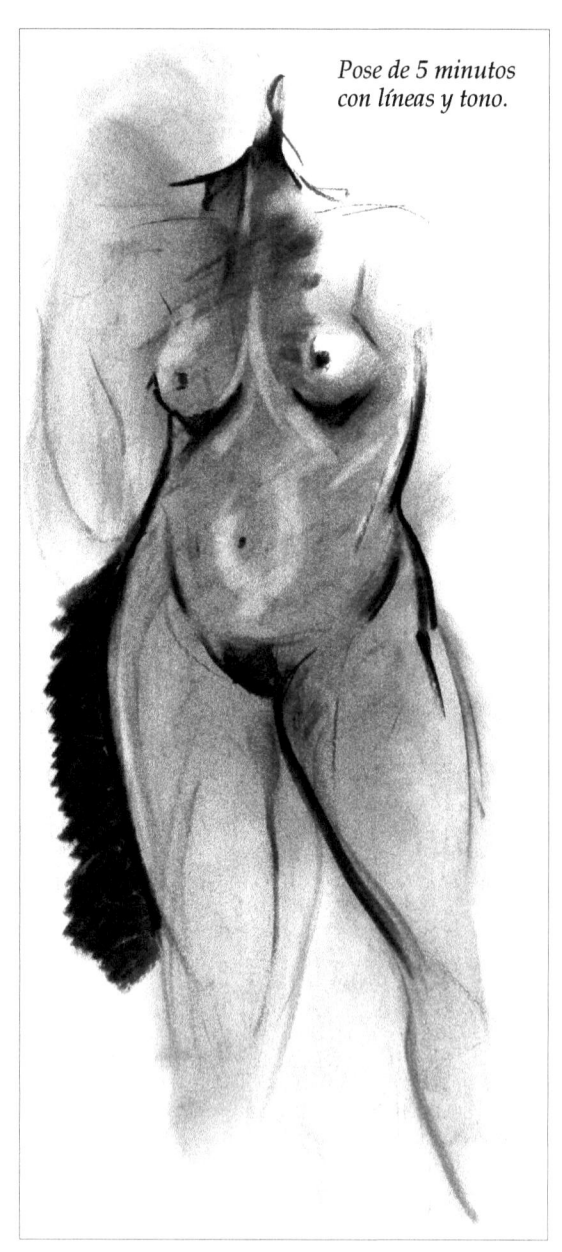

*Pose de 5 minutos
con líneas y tono.*

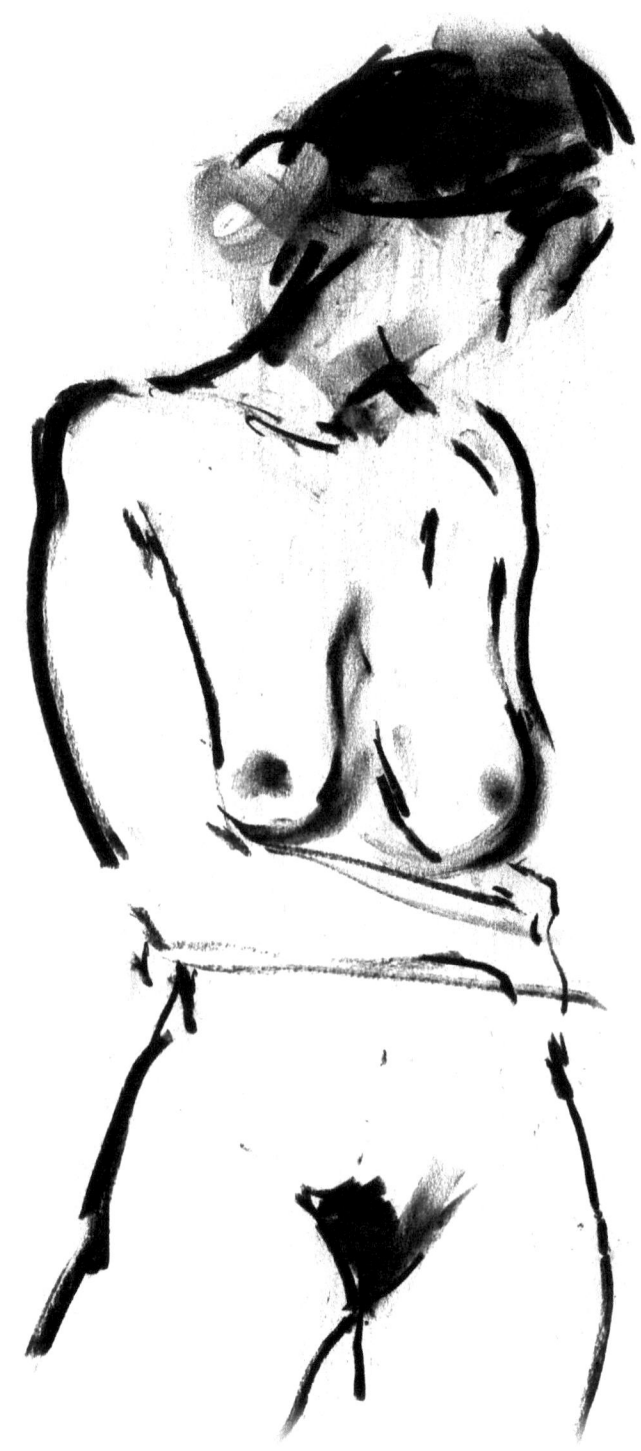

Pose de 2 minutos.

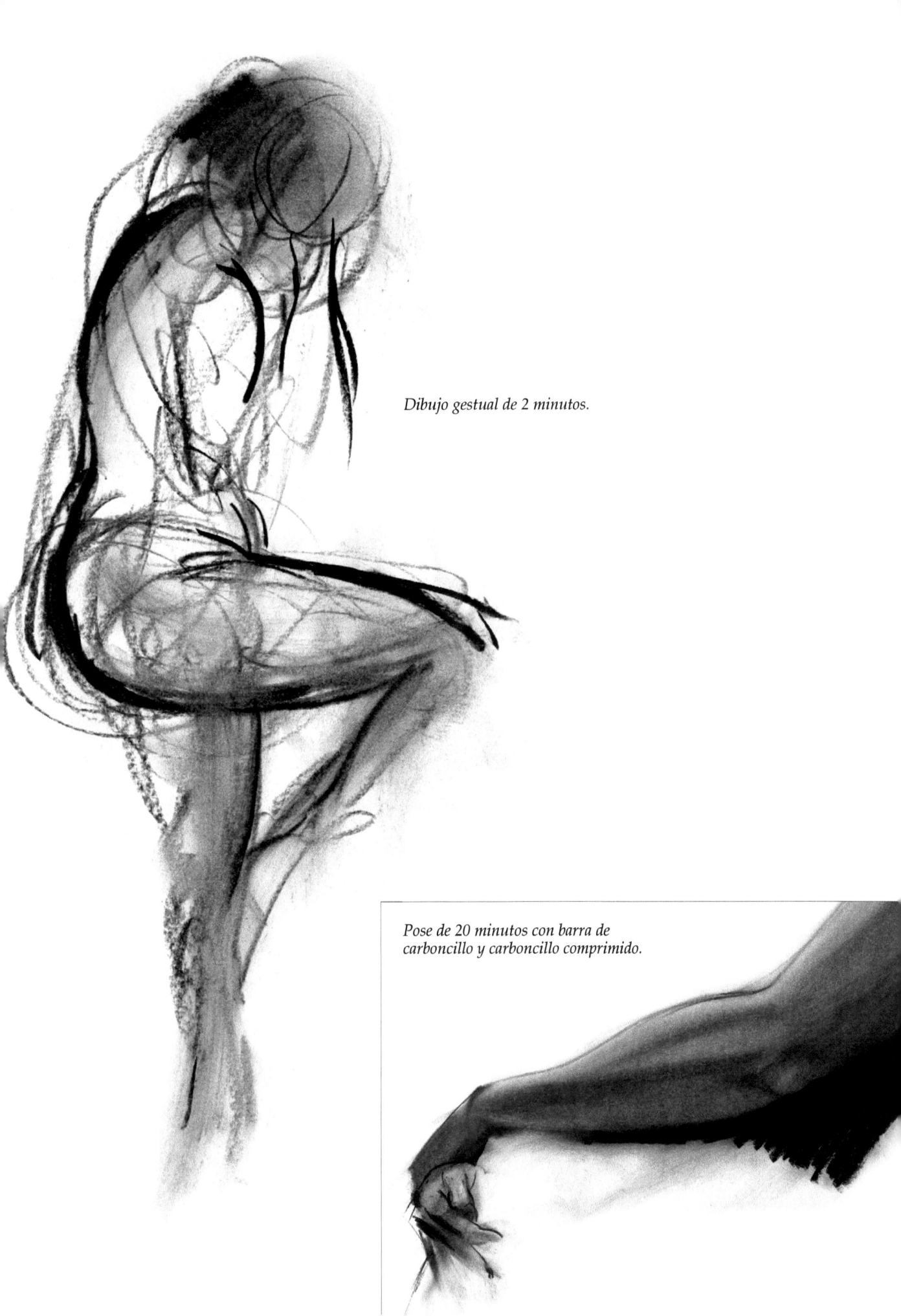

Dibujo gestual de 2 minutos.

Pose de 20 minutos con barra de carboncillo y carboncillo comprimido.

UN EJERCICIO CON CARBONCILLO

La versatilidad del carboncillo queda demostrada en este dibujo que realicé hace poco en un taller que impartí en Irlanda. Se trataba de una pose comparativamente larga, ya que duró 30 minutos, y mi interés residía en captar los tonos sutiles producidos por una iluminación suave sobre el torso. Este dibujo me presentó la oportunidad de conseguir un estudio detallado de la modelo, trabajando de un modo más reflexivo y a un ritmo más lento del normal. Para conseguir una franja tonal más amplia, utilicé una combinación de barras de carboncillo y carboncillo comprimido.

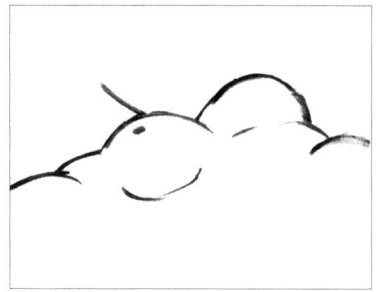

1 Rápido boceto con barra de carboncillo sobre papel de dibujo.

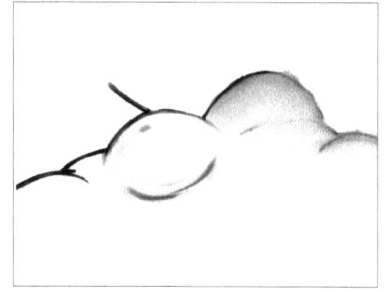

2 Con el dedo, difumina el carboncillo, borrando un poco las líneas negras para crear tonos.

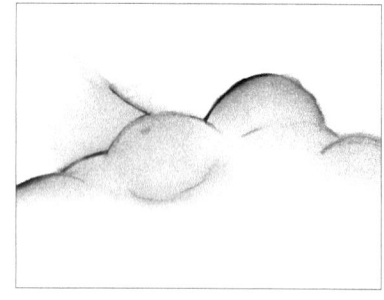

3 Continúa moviendo el carboncillo con el dedo o con el lateral de la mano, puesto que tiene menos grasa y también va bien para eliminar el exceso de carboncillo. Este estilo de dibujo se consigue trabajándolo por capas, así que, en este punto, y para no perder la delicadeza de los tonos conseguidos, aplica el espray fijador para poder continuar.

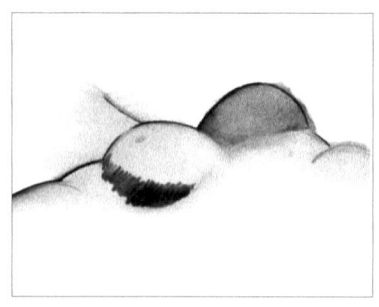

4 Añade más tono con las barras de carboncillo y difumínalo con los dedos. Para reforzar las líneas más oscuras del contorno he utilizado carboncillo comprimido en formato de lápiz.

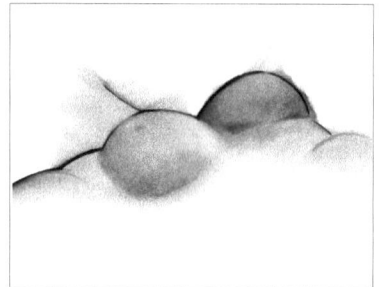

5 Llegados a este punto, decidí que el seno más alejado quedaba demasiado oscuro y que el más cercano necesitaba un reflejo.

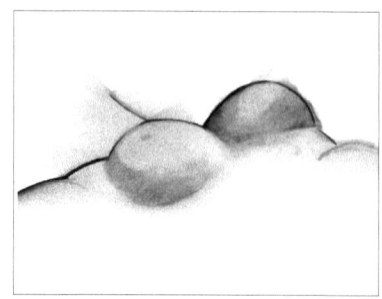

6 Para eliminar el exceso de carboncillo del pecho alejado sencillamente coloqué la punta de un dedo —que, de manera natural, ya contiene grasa— sobre el área y quité el sobrante de carboncillo. Después utilicé una goma dura para crear el reflejo en el pecho más cercano.

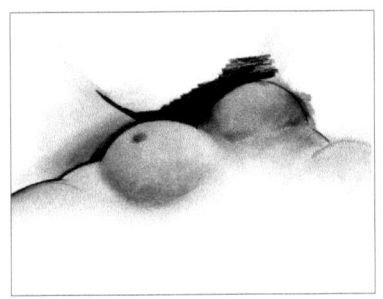

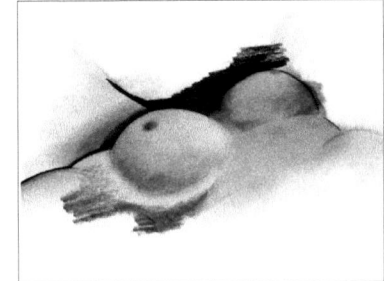

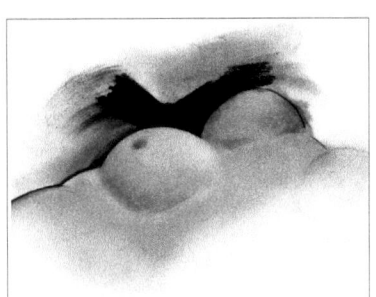

7 Para darle profundidad he utilizado carboncillo comprimido para el fondo y el contorno de los pechos. Aplica una segunda capa de espray fijador y deja que se seque bien antes de continuar.

8 Para evaluar si el dibujo es correcto, aléjate y míralo desde cierta distancia. Es mucho más fácil juzgar así la obra. Una alternativa es que sostengas el dibujo frente a un espejo y que mires la imagen reflejada. Enseguida verás los fallos. En esta fase añadí más tono utilizando la barra de carboncillo.

9 La zona oscura del cuello —realizada con carboncillo comprimido— es más difícil de difuminar y de controlar. Utilicé un pincel pequeño para trabajar, ya que los dedos son demasiado grandes para una zona tan minuciosa. Después hay que aplicar una tercera capa de espray fijador, permitiendo que se seque bien.

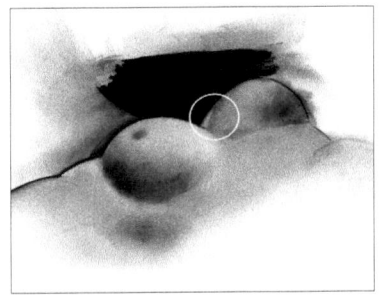

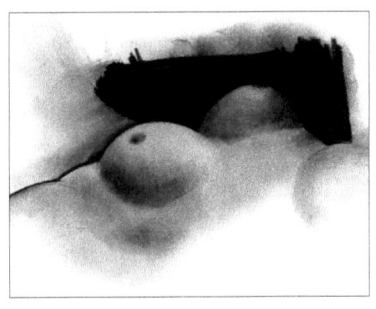

10 El espejo siempre es una prueba de fuego y me mostró que el pecho izquierdo no tenía la forma adecuada, así que para eliminar un poco del carboncillo comprimido tan oscuro (en la zona rodeada) apliqué un poco de tiza blanca y volví a trabajar la zona. Asegúrate de que el negro con el que vas a trabajar esté bien fijado, para que la tiza blanca se asiente sobre la superficie, ya que, de otro modo, solo conseguirás un desagradable manchurrón gris al mezclarse ambos tonos.

11 Da unos toquecitos con el pincel al carboncillo comprimido o a la barra y después, también con el pincel, trabaja las zonas que quieras oscurecer. Para ello, pinta un poco con carboncillo en un papel que no te sirva y toma el material con el pincel. Mezcla el carboncillo para producir la gradación de tonos deseada.

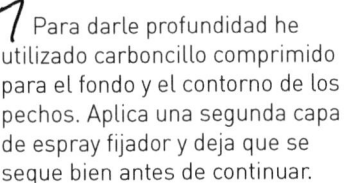

El dibujo acabado
Cuando se hayan acabado los 30 minutos y creas que no puedes desarrollar más el dibujo, déjalo y aplícale una última capa de espray fijador.

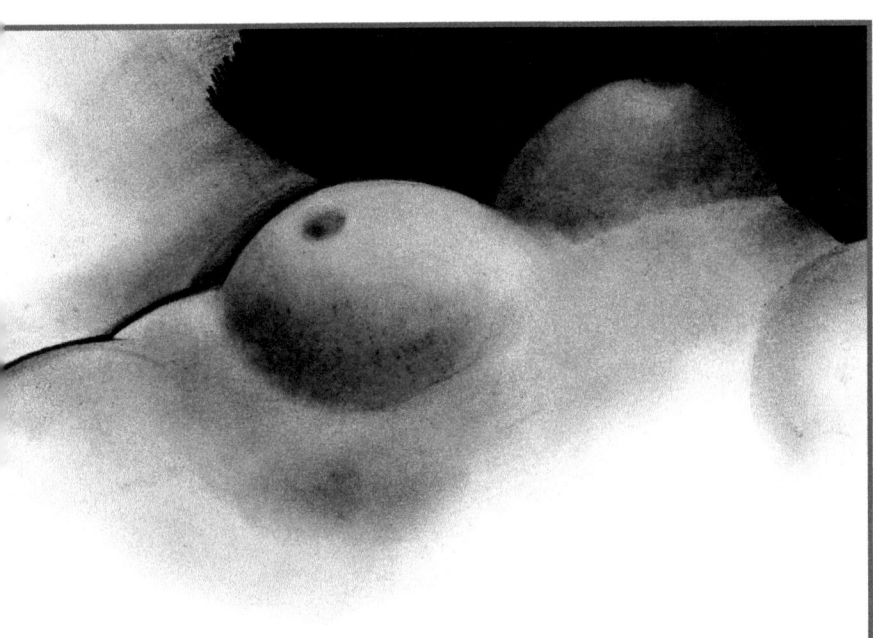

Figura realizada con barra de carboncillo

Es un boceto que hice en un abrir y cerrar de ojos, en concreto en 3 minutos. Detalles como la nariz y los dedos de la mano y del pie han sido totalmente ignorados y he utilizado el tiempo para reflejar la esencia de la pose, creando la forma con el uso de la claridad y la oscuridad.

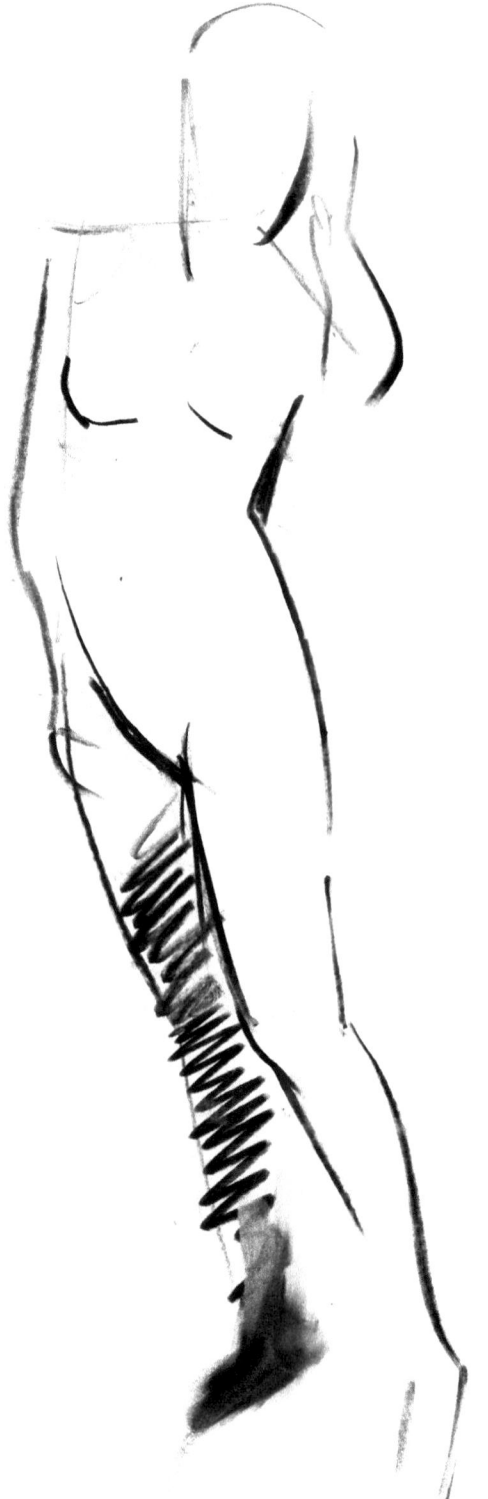

Con un caballete en el que habrás colocado una hoja grande de dibujo en posición vertical, sostén la barra de carboncillo entre el pulgar y la punta de los dedos (en posición de cepillo de dientes) y trabaja rápido. Dibuja el contorno de la forma, centrándote en los elementos principales y enfatizando cualquier línea fuerte. Da igual si alguna línea es incorrecta, ya que la podrás quitar con un poco de papel o con el lateral de la mano y volverla a trazar.

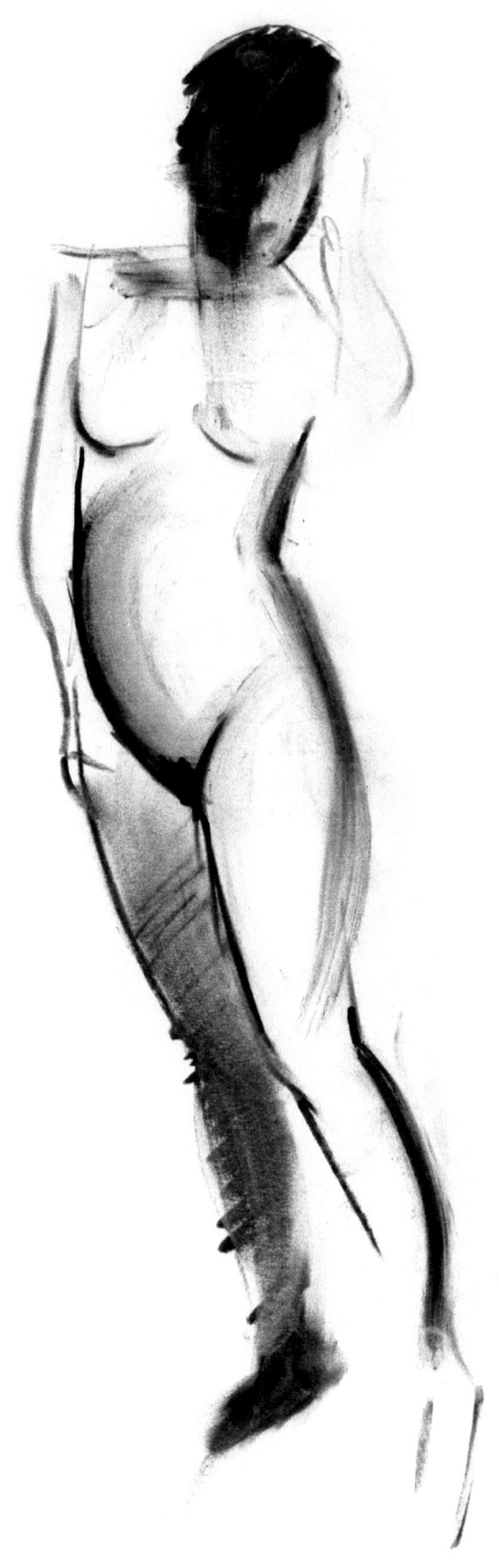

2 Con el dedo, trabaja el carboncillo para empezar a crear tonos y dar forma al dibujo. Mantén los ojos sobre la modelo en todo momento, solo mirando de reojo al papel para trazar las marcas.

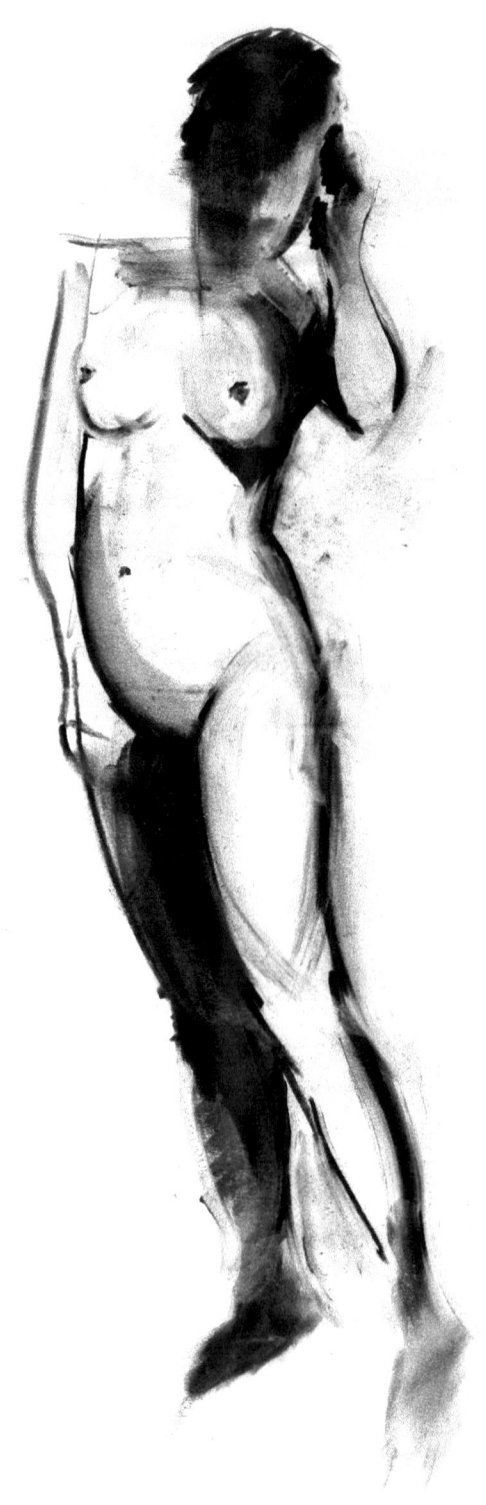

3 Ajusta y refuerza las líneas a medida que progreses, trabajando más el dibujo entero. Recuerda que vamos a dibujar a un ritmo rápido para transmitir espontaneidad y libertad. No te centres en una única zona, sino que tendrás que trabajar la totalidad, añadiendo el tono al avanzar. Para centrar la atención del espectador en la pierna más cercana, oscurecí la más apartada para dar también sensación de profundidad, ya que, como artistas, poseemos el poder de interpretar y ser creativos.

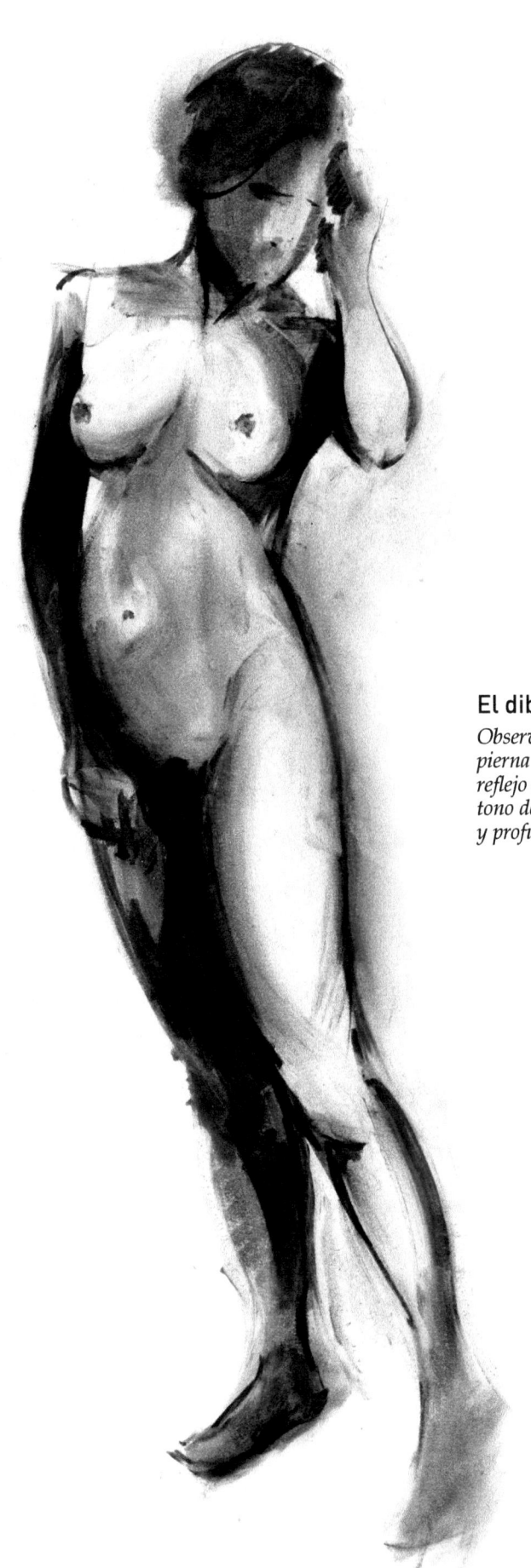

El dibujo acabado

Observa cómo la parte superior de la pierna más cercana a nosotros muestra un reflejo que he conseguido al difuminar el tono del muslo interior para dar así forma y profundidad a esa pierna.

Escorzo

La figura humana es la que impone más retos de todos los «paisajes» que pueden interpretarse, porque el cerebro tiene tendencia a distorsionar nuestra percepción cuando una extremidad se ve de escorzo. La típica respuesta del cerebro es no permitir captar correctamente los ángulos o la masa corporal, ya que intenta dar sentido a algo tan familiar pero a la par que irreconocible como es el escorzo extremo, como ocurre con el brazo situado más abajo, en el segundo dibujo. Para superar esos trucos o trampas del cerebro, tenemos que ver esas situaciones de escorzo como series de formas, tal y como interpretaríamos un paisaje.

Aprende a dibujar exactamente lo que tienes ante ti, sin imaginarte nada más, y el escorzo irá apareciendo conforme traces esas formas aparentemente irreconocibles.

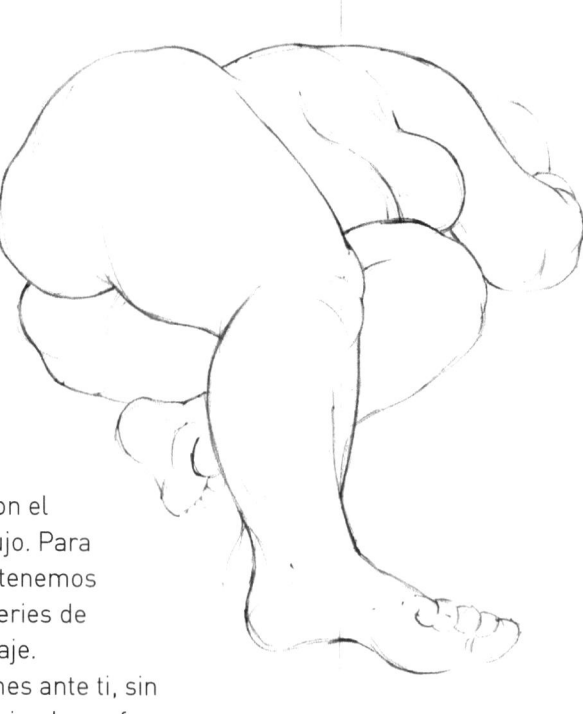

Dibujo con bolígrafo sobre papel de dibujo. Pose de 30 minutos. Se pueden ver tanto la línea ya casi imperceptible que marca el horizonte como una línea vertical. Se trataba de una pose especialmente difícil y grande, así que primero necesité trazar unas líneas orientativas.

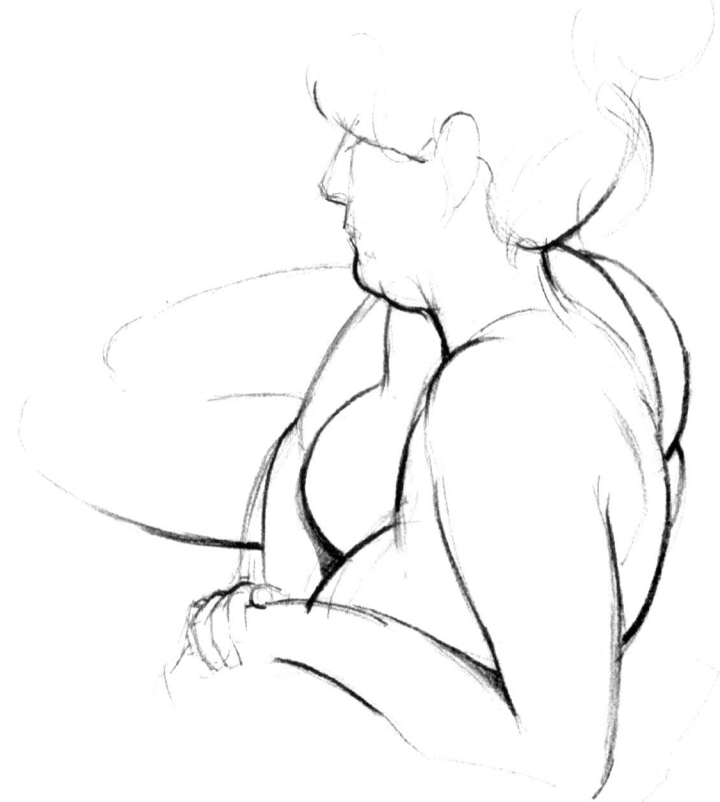

Lápiz de cera sobre papel de dibujo. Pose de 1 hora (se trata de un dibujo de gran formato). El reto estaba en dibujar la espalda de la modelo y la parte inferior del cuerpo, que casi no se podía ver.

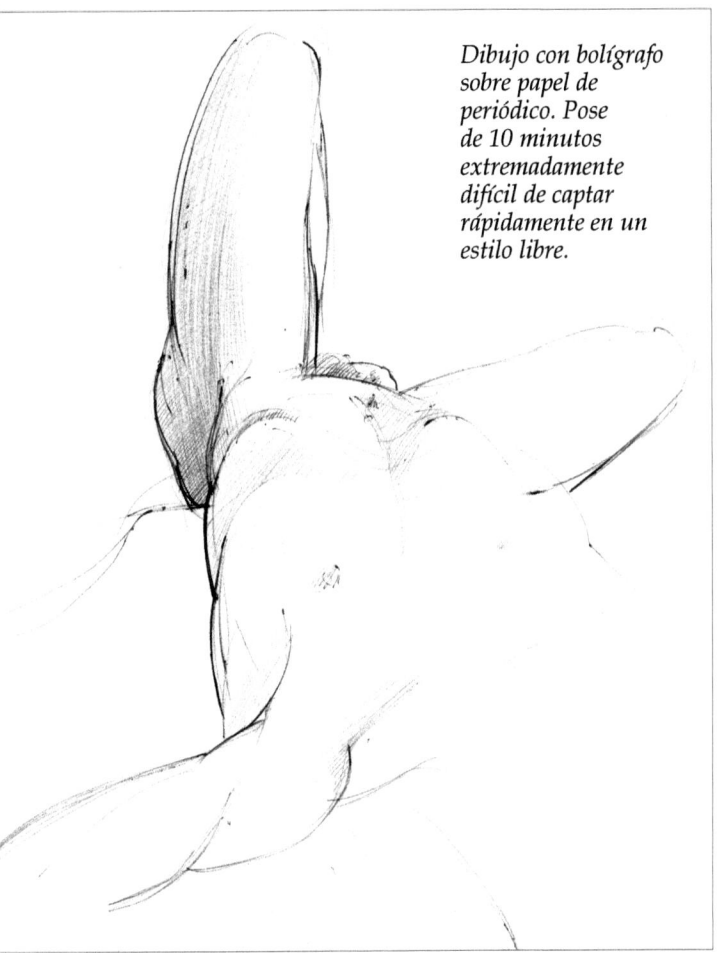

Dibujo con bolígrafo sobre papel de periódico. Pose de 10 minutos extremadamente difícil de captar rápidamente en un estilo libre.

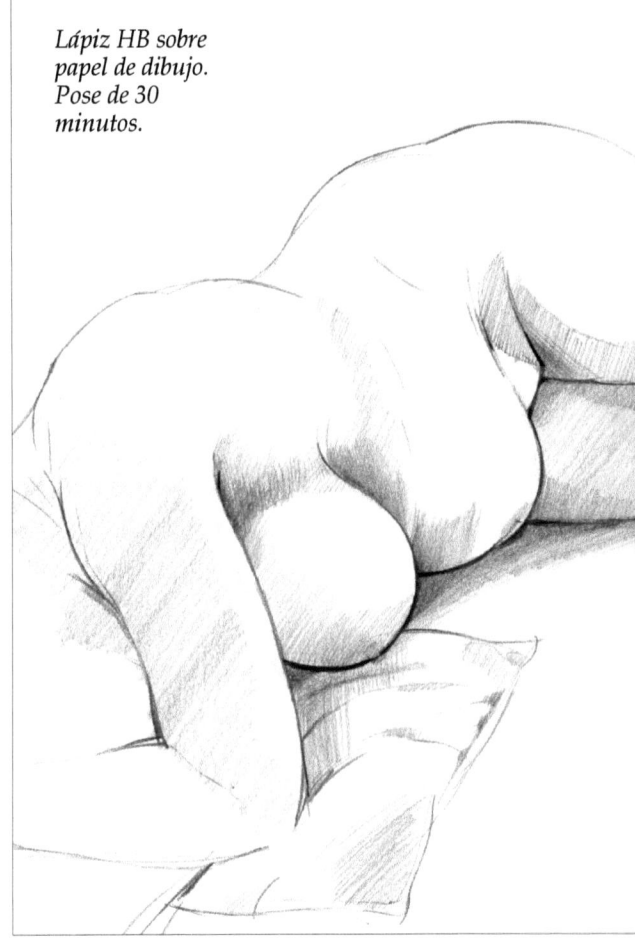

Lápiz HB sobre papel de dibujo. Pose de 30 minutos.

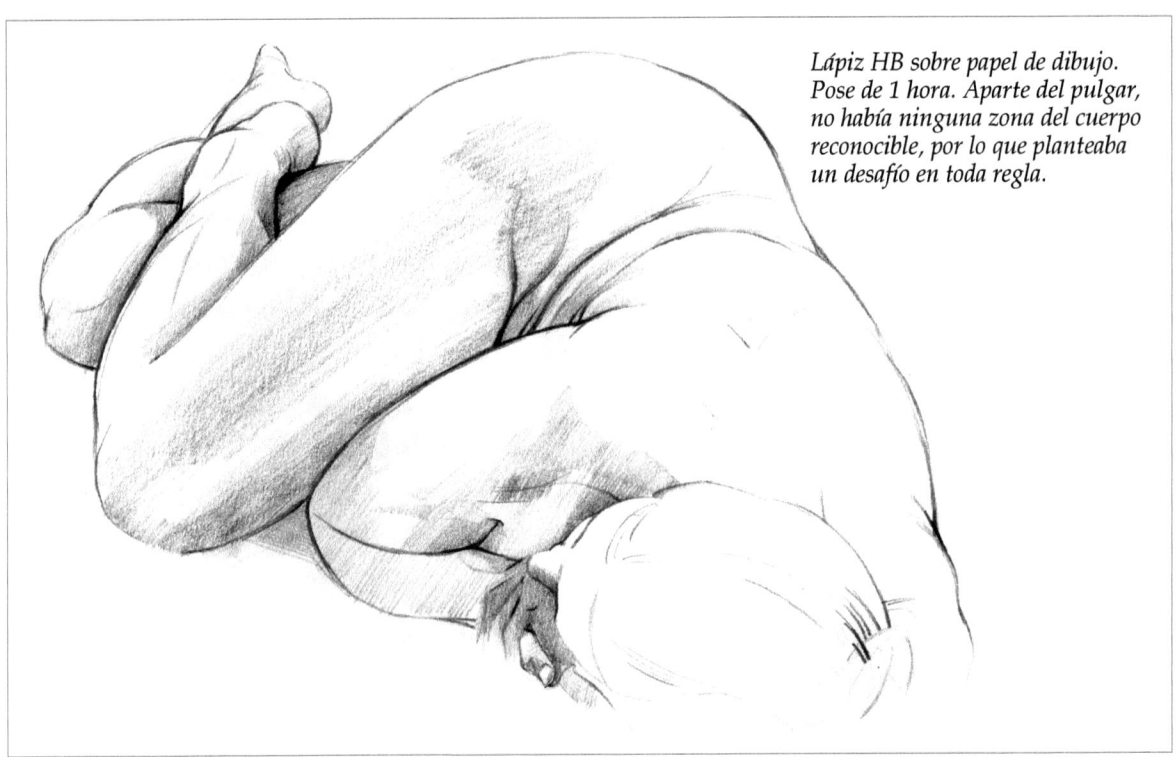

Lápiz HB sobre papel de dibujo. Pose de 1 hora. Aparte del pulgar, no había ninguna zona del cuerpo reconocible, por lo que planteaba un desafío en toda regla.

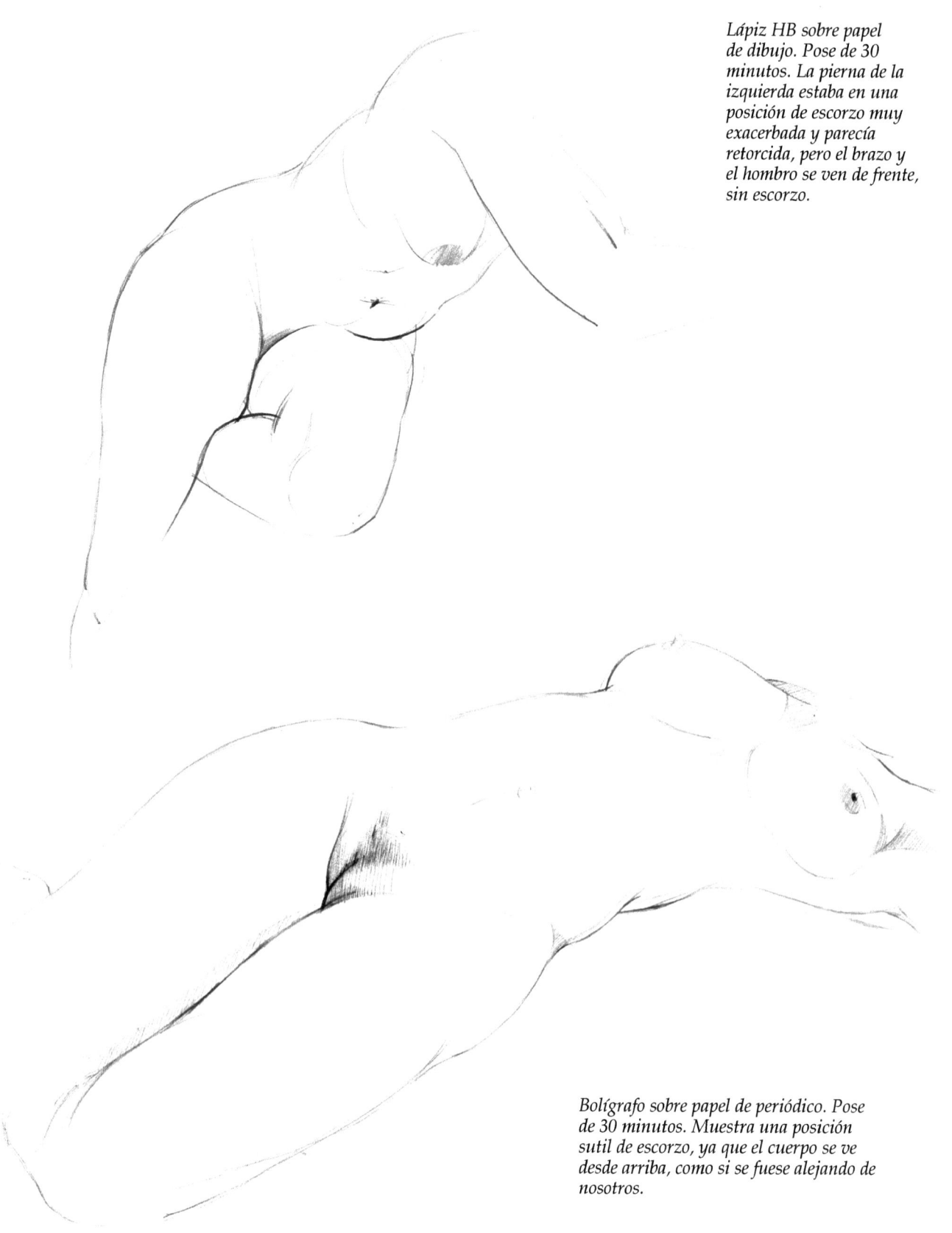

Lápiz HB sobre papel de dibujo. Pose de 30 minutos. La pierna de la izquierda estaba en una posición de escorzo muy exacerbada y parecía retorcida, pero el brazo y el hombro se ven de frente, sin escorzo.

Bolígrafo sobre papel de periódico. Pose de 30 minutos. Muestra una posición sutil de escorzo, ya que el cuerpo se ve desde arriba, como si se fuese alejando de nosotros.

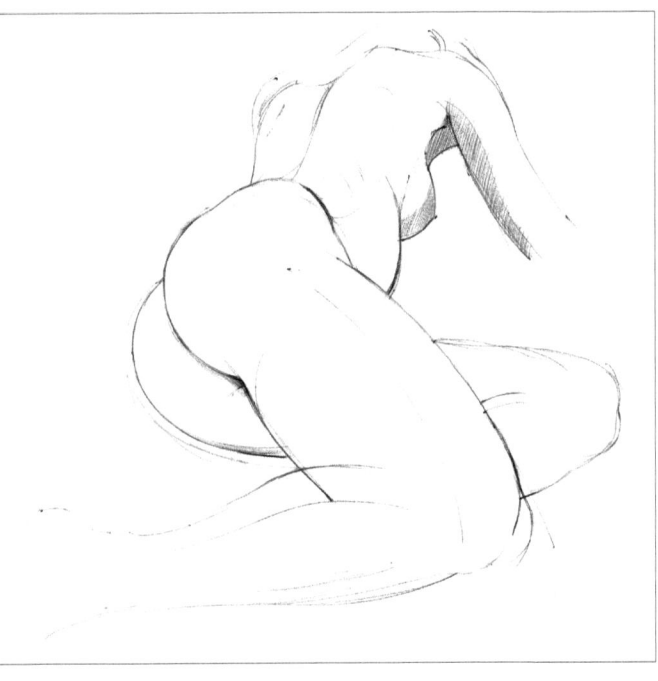

Bolígrafo sobre papel de dibujo. Pose de 30 minutos. Muestra un ángulo similar al dibujo mostrado paso a paso de las páginas 76-80, que da la impresión de una perspectiva exagerada. Si se está muy cerca de la modelo es fácil equivocarse en el cálculo de la cabeza, —muy pequeña— o de la enormidad de la pierna, vista desde esa posición.

Lápiz de grafito HB sobre papel de dibujo. Pose de 20 minutos. La parte superior del cuerpo se ve de frente, pero las piernas están giradas y parecen más grandes debido al escorzo.

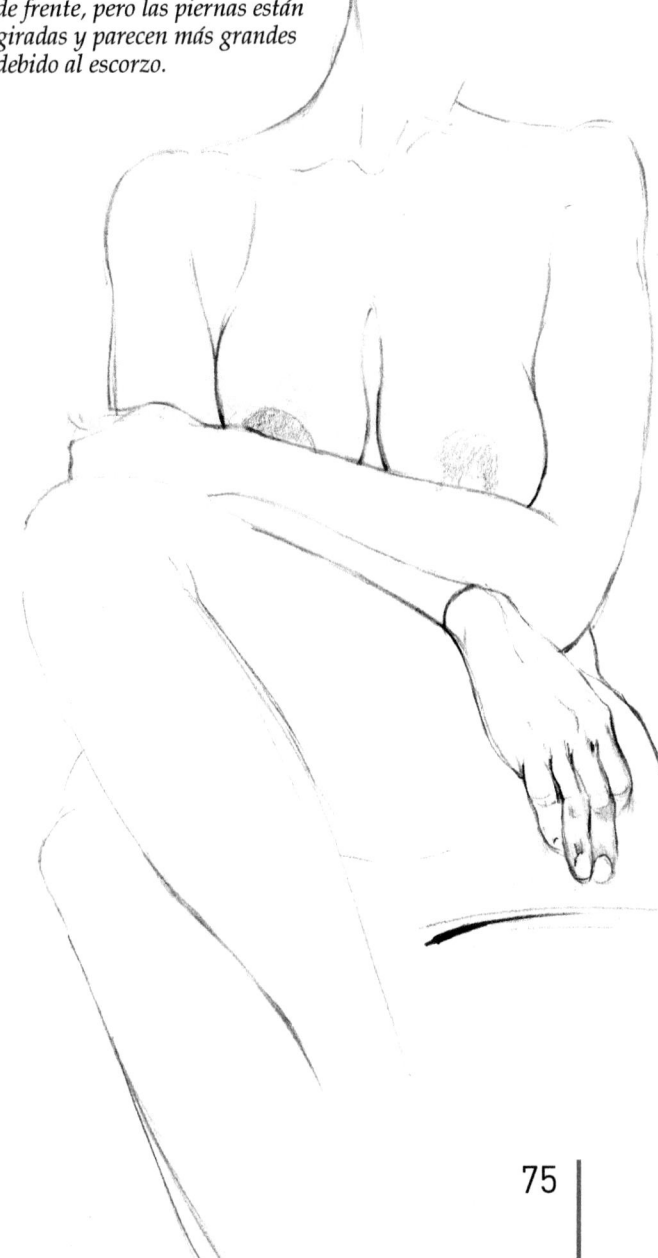

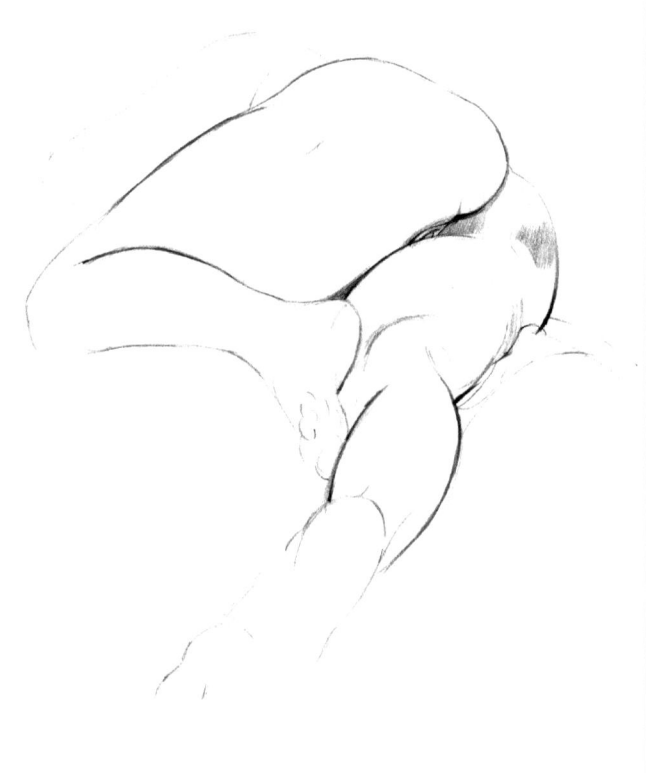

Lápiz HB sobre papel. Pose de 30 minutos. Aunque no está completamente dibujado, se puede ver lo grande que es el pie derecho en comparación con el resto del cuerpo.

Una figura dibujada en escorzo

Antes de empezar esta demostración necesito explicar la posición de la pose: La modelo está levantada 75 cm (30'') sobre suelo, tumbada sobre una mesa, con los pies cerca de mí y con la cabeza como punto más alejado. Yo estoy trabajando con un caballete, mirando el cuerpo a lo largo, con la mayor parte del torso tapado por las piernas de la modelo.

Antes de situar el lápiz sobre el papel, dedico unos minutos a estudiar la pose y realizar unas cuantas observaciones. Por ejemplo, podemos ver que la parte superior del cuerpo está de frente, mientras que las piernas están de lado y en escorzo. El pie derecho es la parte del cuerpo más cercana a mí. A medida que la figura se aleja veo cómo el pie izquierdo es tan grande como la cabeza.

Un error muy común es dibujar el pie demasiado pequeño o la cabeza demasiado grande, de manera que el dibujo parece demasiado pesado en la parte superior o plano (véase el dibujo inferior). Sin embargo, si dibujas las piernas y los pies demasiado grandes y la cabeza minúscula puede dar la sensación de que hay un escorzo exagerado y podría producir un dibujo dinámico e interesante.

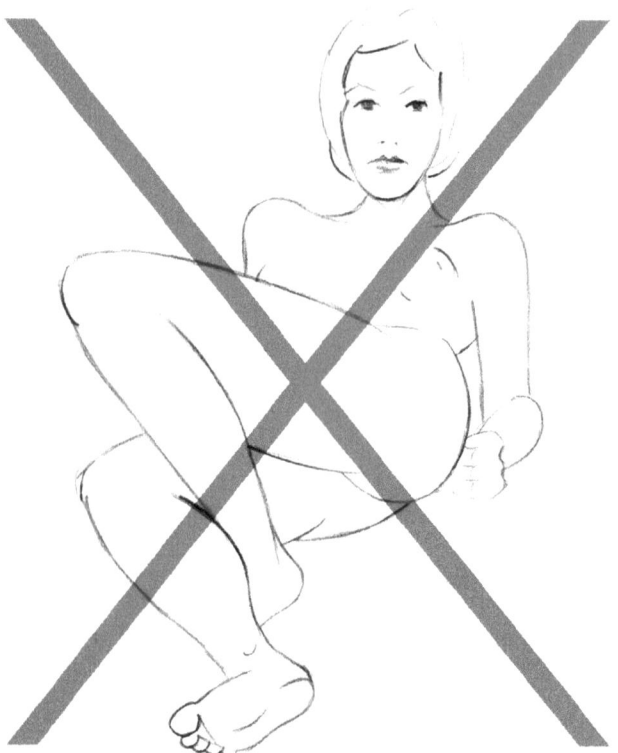

Aquí los pies son demasiado pequeños y la cabeza demasiado grande.

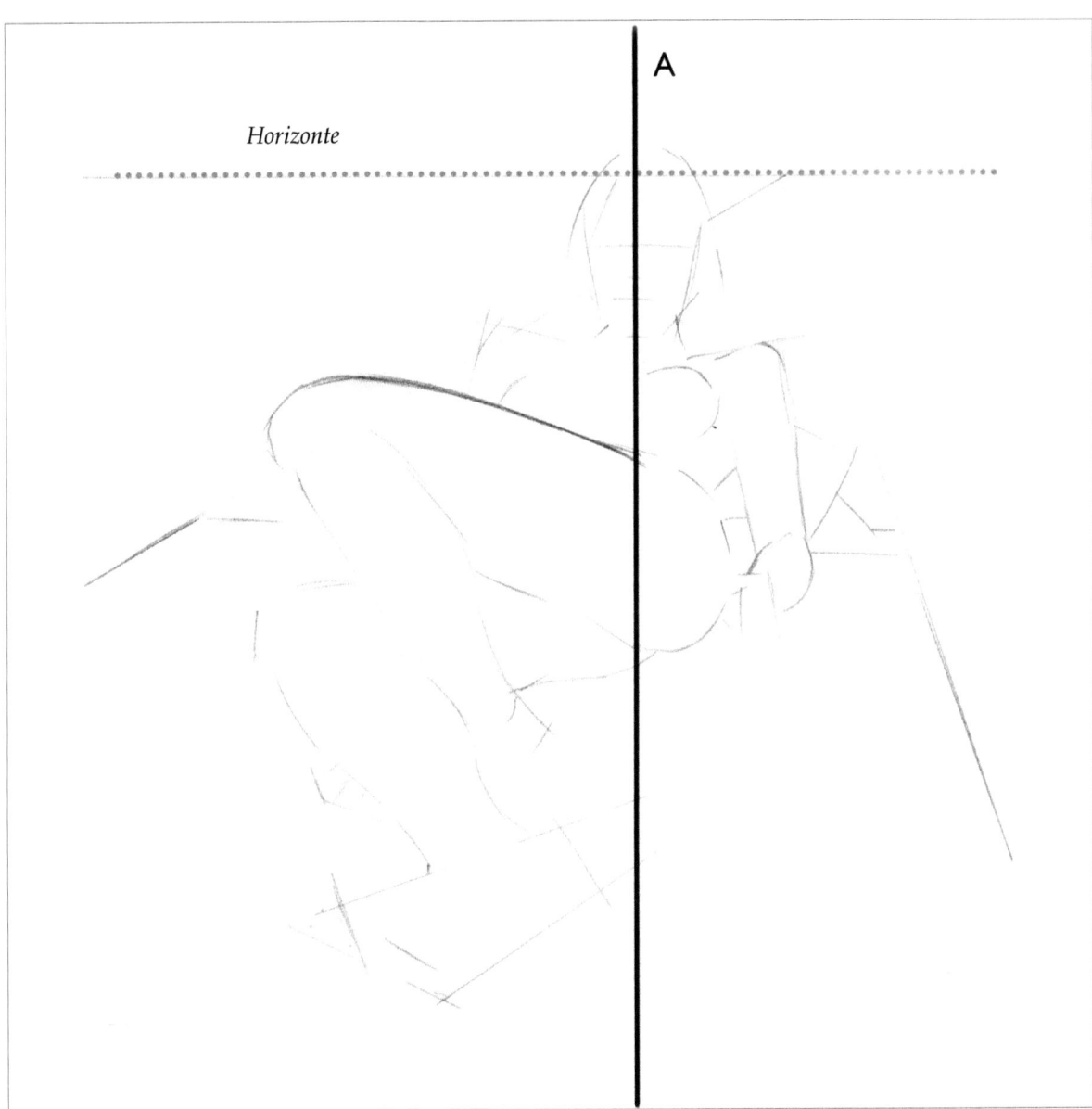

Horizonte

A

*Para anclar el dibujo al papel, lo primero que he hecho ha sido dibujar el horizonte en relación con la figura. Las leyes de la perspectiva, aunque no siempre resultan obvias en un dibujo al natural, son aplicables y nos aportan mucha información y orientación. La perspectiva es cómo observamos los objetos en referencia al horizonte.

En esta pose me he ayudado del punto de fuga de la mesa para hallar el horizonte: las líneas inclinadas de la mesa, si se continúan mentalmente, se encontrarían en el horizonte, el cual está siempre a nivel del ojo, así que, si yo hubiese realizado este dibujo sentado, el horizonte estaría mucho más bajo y el dibujo resultante hubiese sido muy distinto.

Para entender esta pose en escorzo y traspasarla a papel necesito más puntos de referencia. El horizonte ya está marcado, así que ahora tengo que dibujar o imaginarme una línea que atraviese el cuerpo (A) —en este caso, en vertical—, y que pase por el centro de la cabeza de la modelo justo dejando a un lado el talón del pie derecho. Esta línea es esencial ya que me ayudará a juzgar dónde debo marcar los puntos clave en la página. También puedo ver que el hombro derecho está más alejado de la línea que el izquierdo y que el talón del pie está un poco alejado de la línea, así que no queda exactamente debajo de la barbilla, que, en cambio, sí que está en la línea.

La primera marca de la figura que hago en la página, en relación con la línea vertical, es la parte superior del muslo, ya que es la línea más fuerte y clave en la pose. Es aproximadamente el punto central del plano del dibujo, ya que el torso se inclina hacia atrás a partir de ese punto y los pies se avanzan, quedando en el plano más cercano. Observa bien la profundidad del dibujo e intenta contemplarlo como una imagen tridimensional.

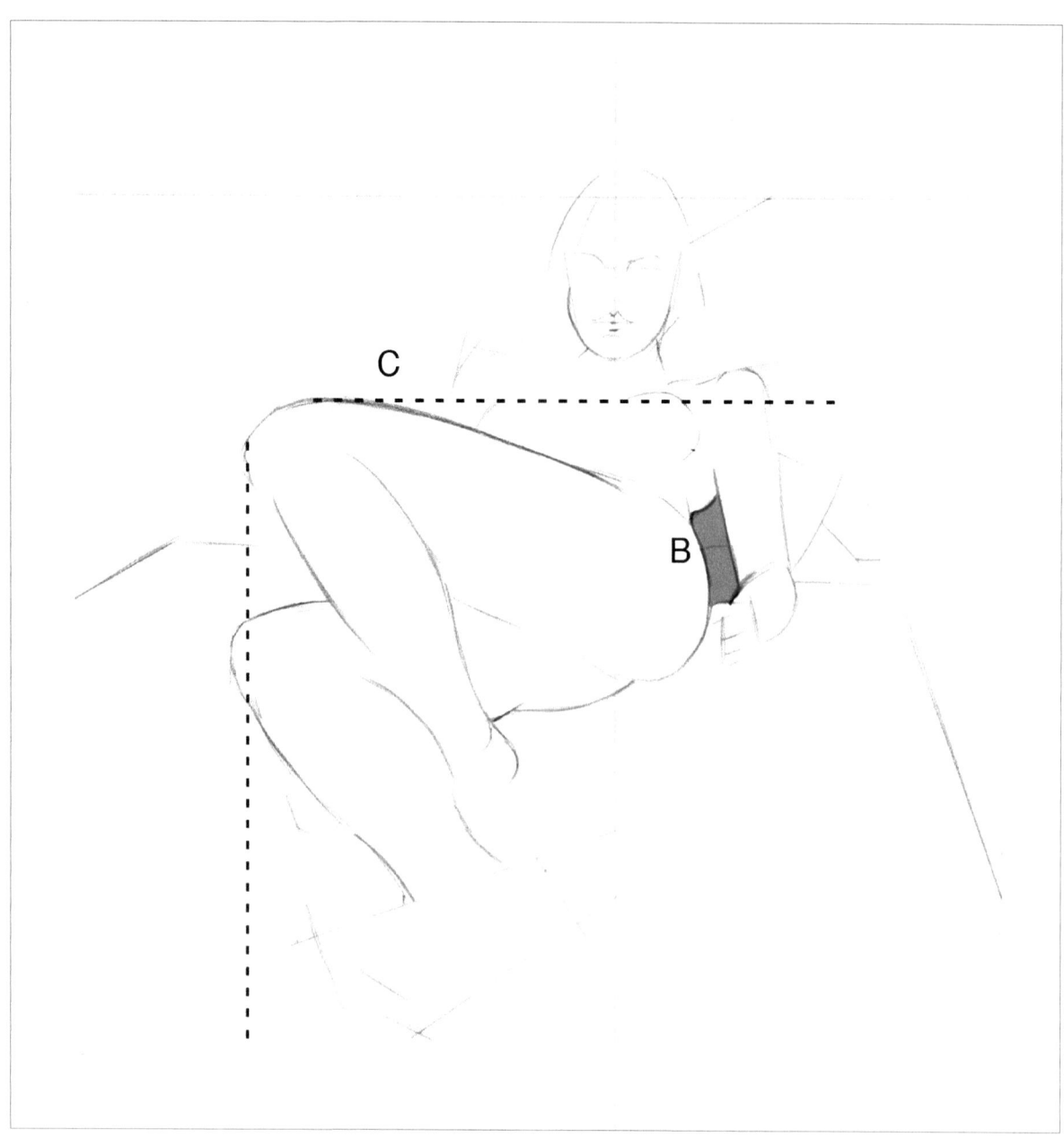

2 Si se observan las formas en torno al cuerpo y las extremidades (B) los «espacios negativos» son excelentes puntos de referencia, y tienen la misma importancia en el dibujo que la figura, como ocurre con la música: ¡el silencio entre las notas tiene tanta importancia como las propias notas!

Tomando la rodilla izquierda de la modelo como punto de referencia, dibujé una línea horizontal imaginaria (C) en la página para ver por qué partes del cuerpo pasaban y poderlos marcar bien en la página. Esta línea también deja de manifiesto que el hombro izquierdo queda por encima de la línea y, por consiguiente, más alto que la rodilla. De igual modo, cuando proseguí la línea en vertical, bajando por la página a partir del mismo punto, pude situar bien la segunda rodilla y los dedos del pie. Se pueden utilizar muchas líneas semejantes al diseñar y componer una pose en escorzo.

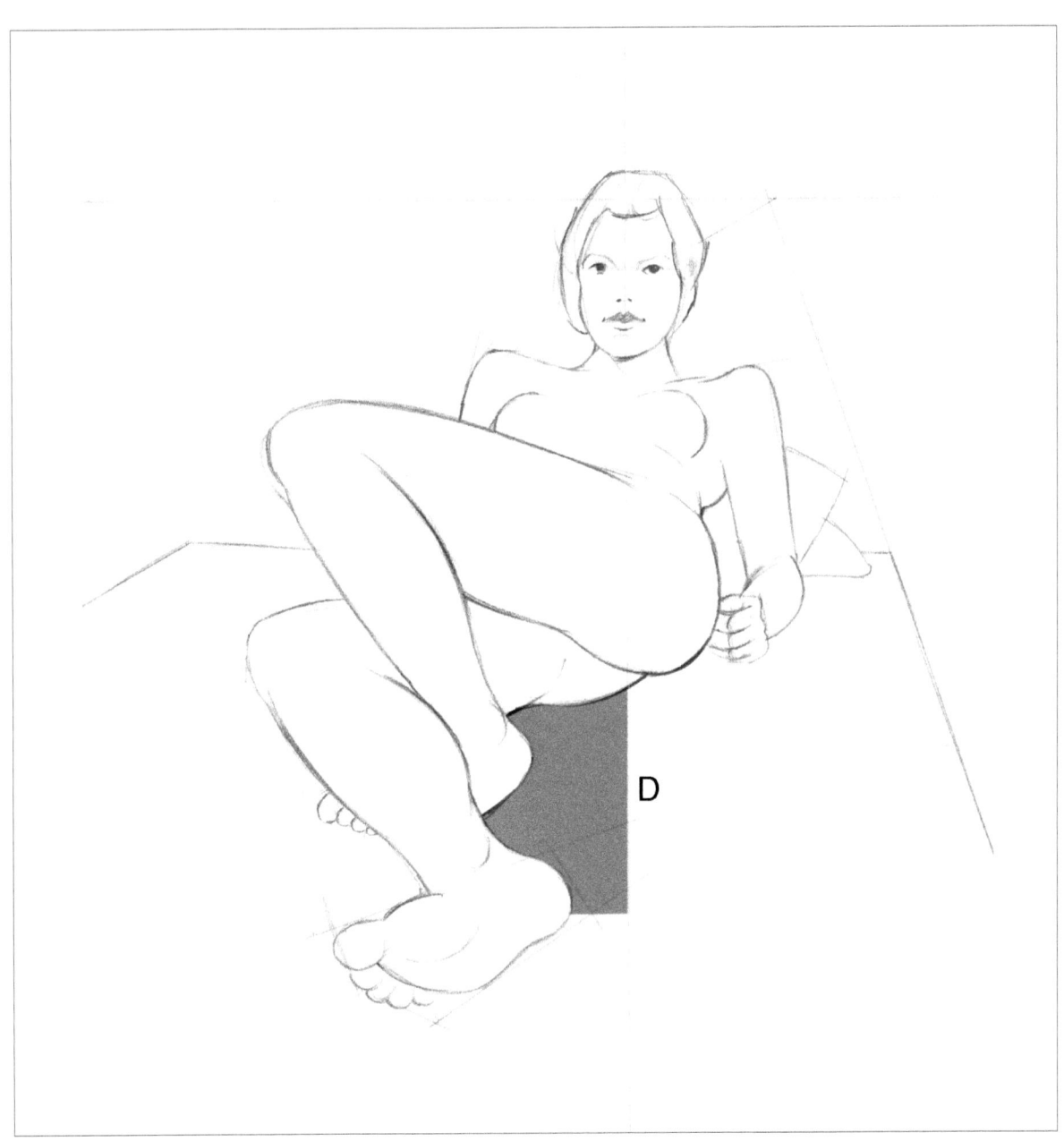

3 El empleo de una línea vertical que atraviese el cuerpo para crear un espacio negativo (D) me ayuda a observar y a situar correctamente los contornos de las líneas de la pierna y los talones.

Continúo diseñando el dibujo con una combinación de medidas, espacios negativos y un número de líneas verticales y horizontales imaginarias, ajustándolas a medida que progreso.

Recuerda trabajar con toda la página en vez de concentrarte solo en una zona, de manera que surja el dibujo, así mantendrás el control total y podrás ir modificando las marcas. Cuando ya hayas hecho un esbozo de todo el dibujo, empieza a reforzar las líneas. Recuerda que el dibujo al natural consiste en entrenar el ojo y el cerebro para observar y, con el tiempo, desarrollar la habilidad de dibujar sin tener que recurrir a unas medidas y a un diseño tan detallado.

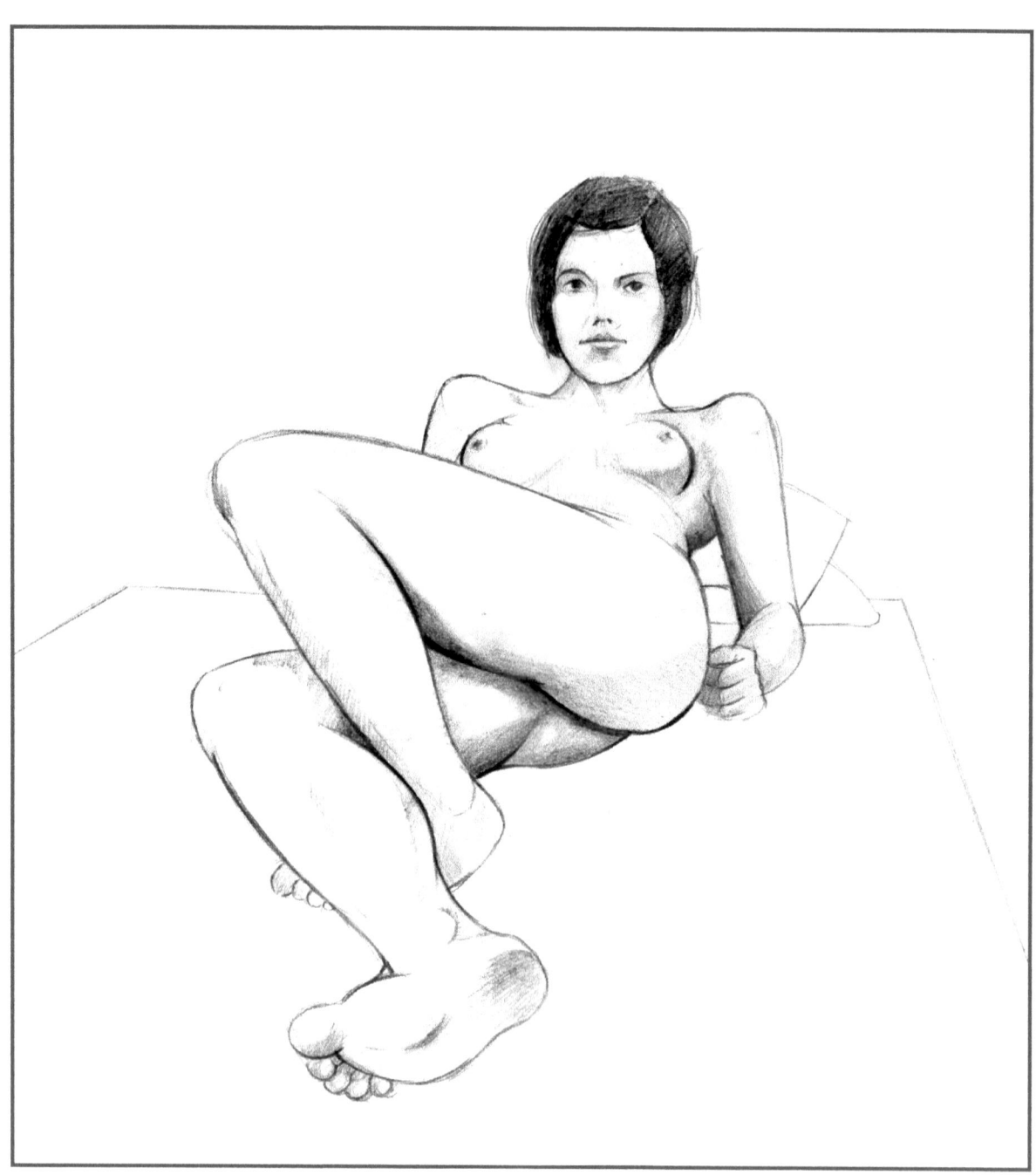

El dibujo acabado.

Aquí hay dos dibujos adicionales de la misma pose pero desde distintos ángulos. Advierte cómo ha cambiado el horizonte en cada caso.

No tengas miedo ante un escorzo y selecciona el ángulo que te parezca más difícil para trabajar. De estos tres dibujos de la misma pose, quizás el segundo fue el más arduo y el último el más sencillo, ya que el escorzo era mínimo.

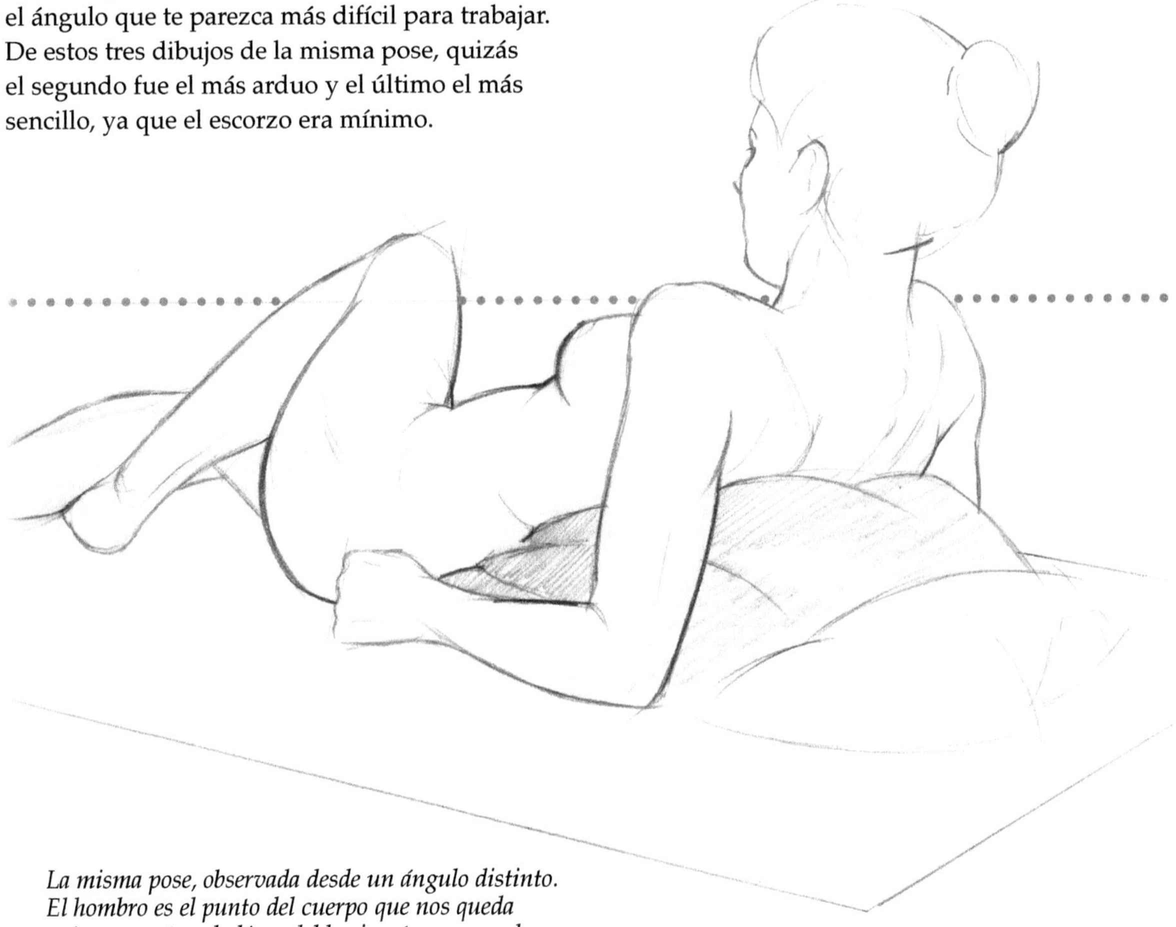

La misma pose, observada desde un ángulo distinto. El hombro es el punto del cuerpo que nos queda más cerca y toca la línea del horizonte, que puede utilizarse a modo de orientación.

La tercera versión de la pose, observada de lado. Aparte de la pierna izquierda, que se inclina alejándose de nosotros, hay poco escorzo. Yo estaba sentado un poco más alto para este dibujo y, por lo tanto, la línea del horizonte queda un poco más arriba.

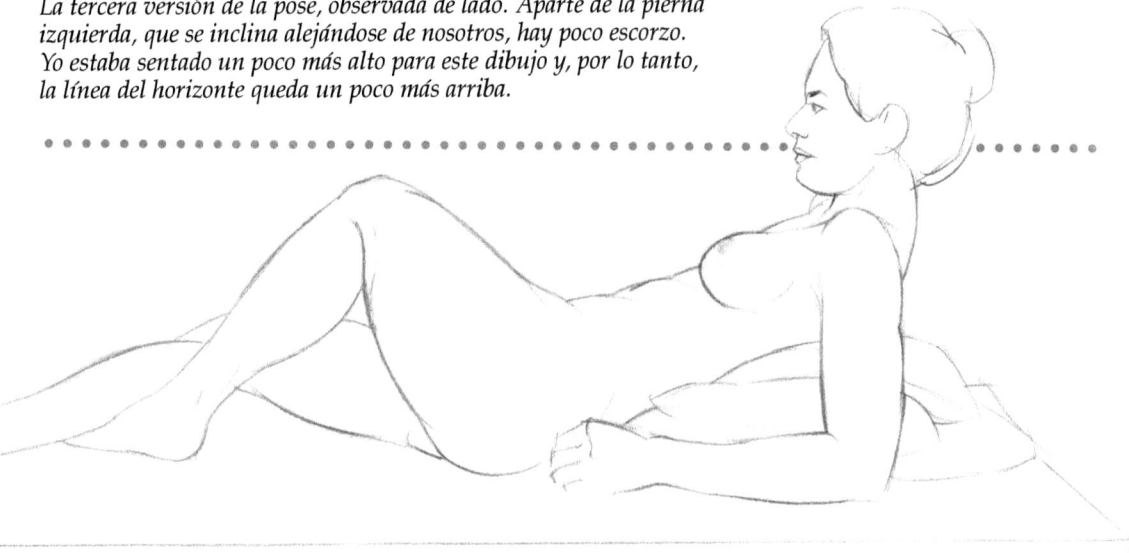

Caras

Siempre me ha divertido el reto de dibujar caras. Es una disciplina excelente para entender las proporciones y la importancia de los detalles.

El cerebro está programado para distorsionar la información visual y seleccionar los rasgos más prominentes, acentuándolos. Los que suelen acentuarse más son los ojos y la nariz. Por eso, es muy fácil trazar mal las proporciones, ya que estos rasgos se agrandan, y los menos significativos —como la frente o la distancia del ojo a la oreja— se empequeñecen. Tenemos que aprender a confiar en nuestros ojos, a superar los trucos del cerebro, y no dibujar lo que creemos ver sino lo que realmente observamos. Con el fin de combatir este problema, utilizo un sencillo sistema de medición para captar las dimensiones de la cabeza, como ocurre en una visión de perfil.

En ocasiones se pasa por alto el problema del volumen y la forma de la cabeza y, para que ello no suceda, hay una prueba muy fácil que se puede realizar para arreglar unos rasgos que no estén bien calculados.

Por el momento no te preocupes por conseguir semejanza con el modelo; es más importante que ojos, orejas y rasgos estén en el lugar correcto. El pintor retratista Augustus John nunca se inquietó por conseguir semejanza ni por las críticas que le hiciesen.

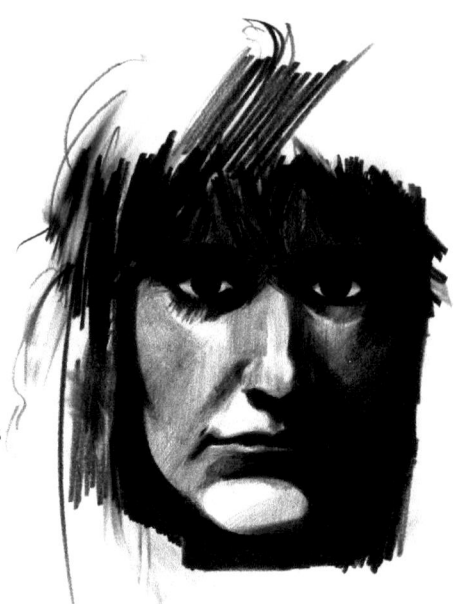

Cara y cabeza retratadas en una habitación oscura, con una lámpara encendida sobre la modelo. Empleé una gama de lápices sobre papel de dibujo: H, HB, 2B y 4B.

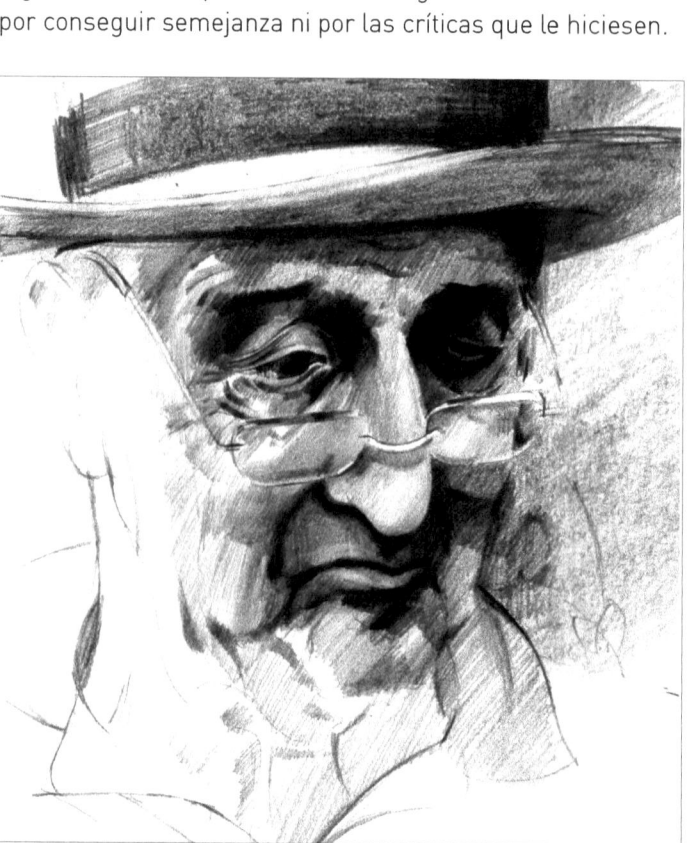

Martin Vaughan sentado, leyendo bajo el sol de la Toscana. Lápices HB y 2B sobre papel de dibujo.

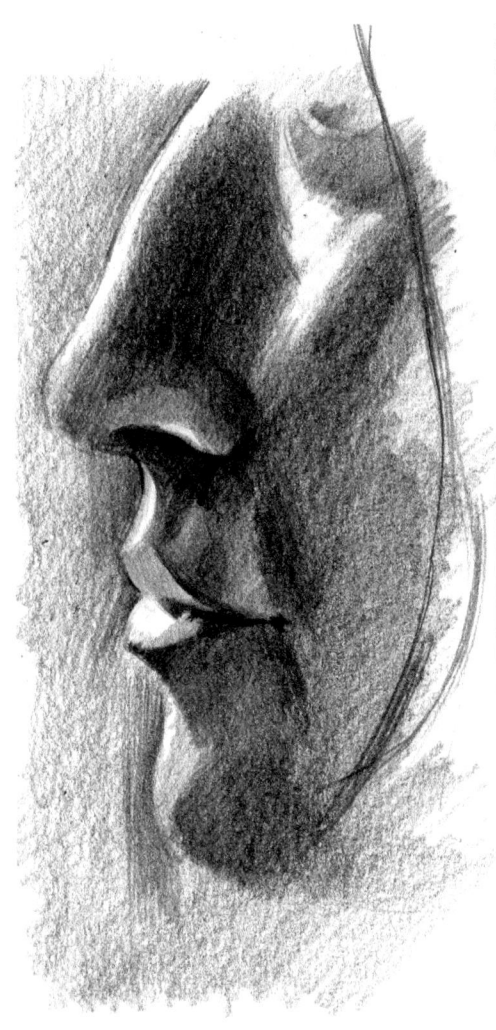

Nelly, mi modelo, sutilmente
iluminada por luz natural en el
estudio de La Capella, en Italia.
Lápices HB y 2B sobre papel de
dibujo.

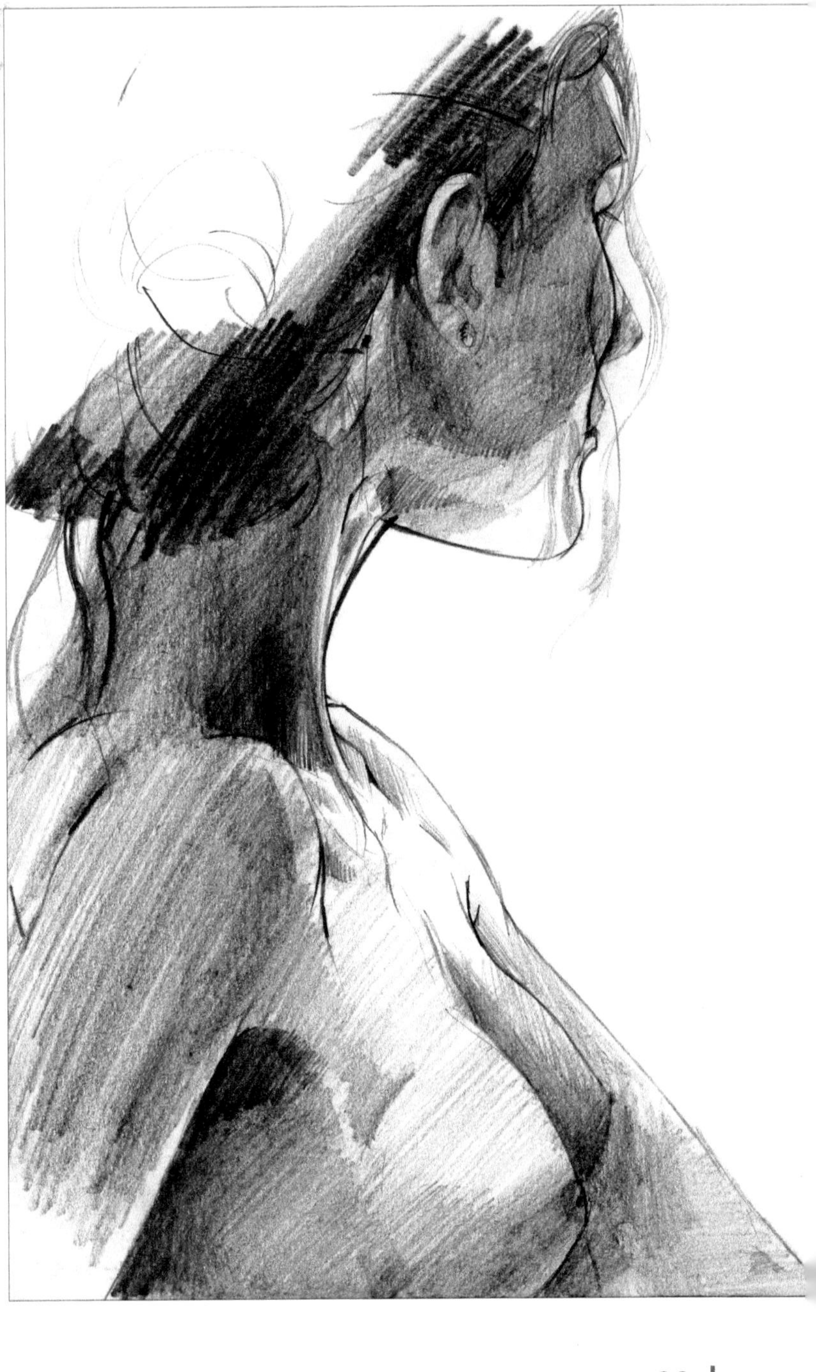

Una combinación de luz reflejada
e iluminación de lámpara focal
sobre la cara de Leticia. Lápices
HB y 2B sobre papel de dibujo.

UN EJERCICIO PARA DIBUJAR UNA CARA

El siguiente ejercicio muestra mi proceso de pensamiento y método para trabajar la cabeza de este modelo en una tarde calurosa en la Toscana. Tardé unas 3,30 horas en acabarlo. El dibujo tiene unas dimensiones considerables, aproximadamente 2/3 del tamaño real, y lo dibujé con lápiz de cera sobre papel de dibujo liso, utilizando un caballete para evitar la distorsión visual (véase en la página 28).

Empleé dos lápices de cera, uno sin punta, para el uso general, y otro afilado para los detalles. Antes de empezar, dediqué un tiempo al estudio de las proporciones y a proyectar la imagen en mi mente, teniendo en cuenta dónde iba a situar el dibujo en la página.

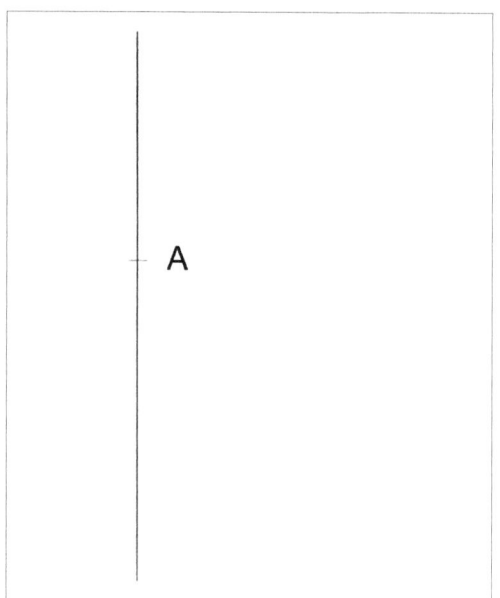

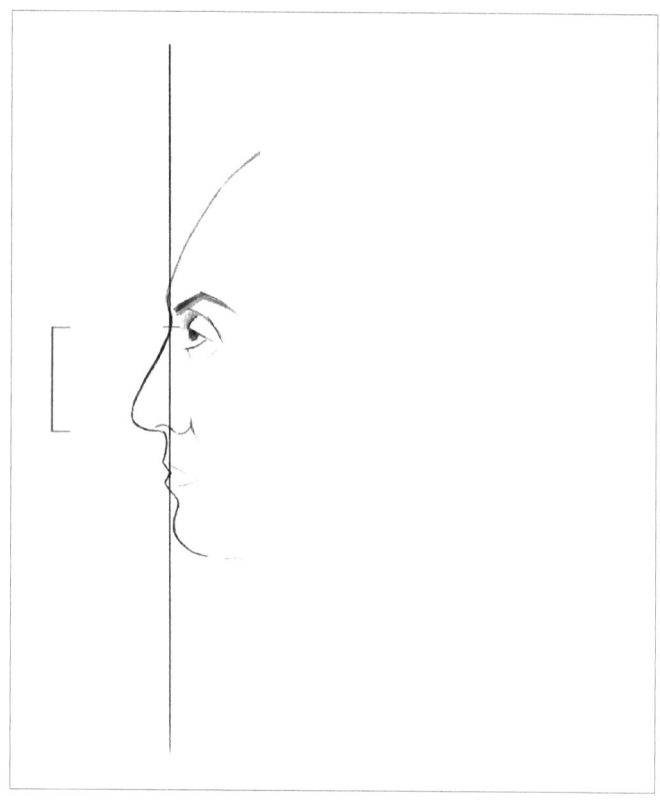

1 Dibuja —sin apretar— una línea vertical por todo el papel. La línea deberá atravesar más tarde el tabique nasal y actuará como base de una cuadrícula que nos ayudará a colocar la imagen en el papel. Marca dónde te gustaría que el tabique de la nariz tocase la línea vertical. Ese será el punto de inicio (A). En esta demostración he trazado las líneas más marcadas de lo que lo hago normalmente, para que se viesen bien.

2 Con la línea vertical como guía, y empezando en el tabique de la nariz, dibuja ligeramente el perfil. Observa dónde queda cada rasgo en relación con la línea vertical. Los perfiles faciales varían enormemente, así que no puedes asumir de ningún modo que todas las barbillas quedan alineadas con la línea, como ocurre en este caso. Ahora también podrás utilizar la longitud de la nariz como unidad para situar el resto de rasgos.

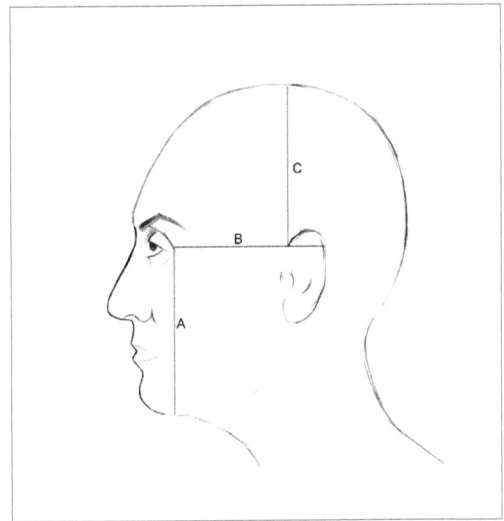

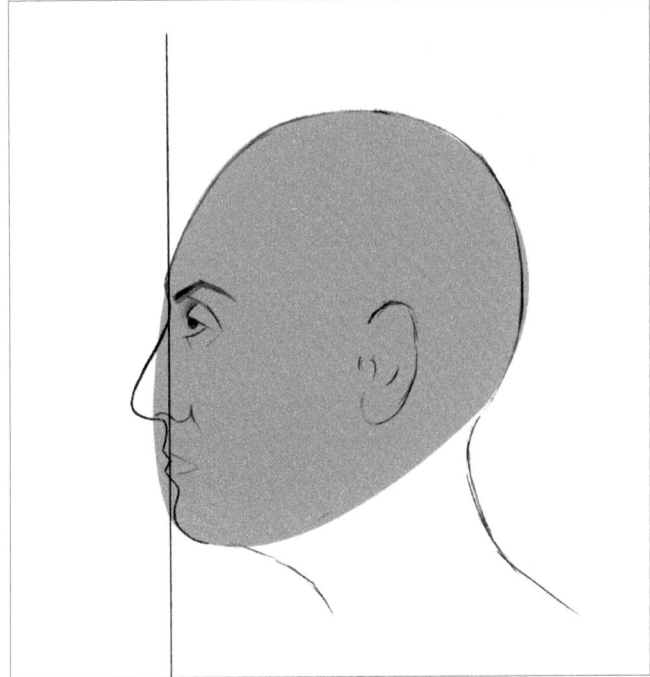

3 En esta fase, ignora el sombrero y dibuja levemente la cabeza en su totalidad. Aunque no puedas ver la parte superior de la cabeza en el dibujo acabado, te ayudará saber dónde está para trazar el contorno del sombrero. Observa la cabeza de perfil, ten presente que la unidad de medición más importante es la distancia de la barbilla al extremo del ojo (A). Esta misma medición puede usarse para situar la parte trasera de la oreja en relación con el extremo del ojo (B) y también la parte superior de la cabeza —ignorando el pelo— desde la parte frontal de la oreja (C). Se observa asimismo, que los ojos quedan en medio de la cabeza.

4 Para comprobar que se haya plasmado bien el volumen de la cabeza, aplica la «prueba del huevo»: Sí, todos tenemos cabezas ovaladas. Si miras con detenimiento la cabeza de perfil verás que, de hecho, tiene la forma de un huevo vuelto del revés —la barbilla sería la punta del huevo y la parte trasera sería la base—. Estos datos te aportarán orientación sobre si has captado correctamente el volumen y la forma. Ignora la papada, si hay, ya que lo importante ahora es el hueso de la mandíbula.

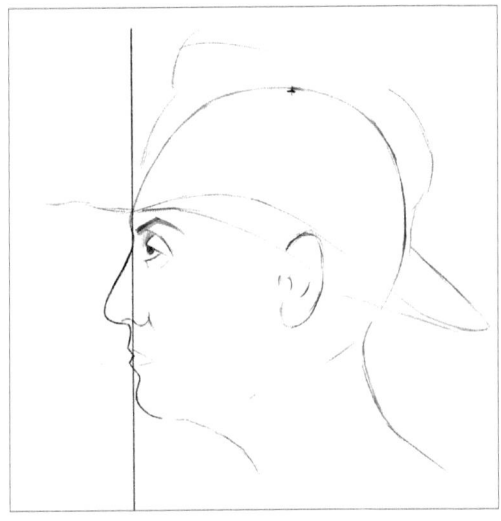

5 Una vez hayas llegado a esta fase, te habrás liberado de una gran presión. Incluso el modelo más experimentado se habrá movido un poco, sobre todo si está bajo el sol. Ahora puedes centrarte en dibujar el sombrero al ritmo que desees y con mucha más seguridad, sabiendo que ya tienes resuelto el tema del tamaño y la forma de la cabeza.

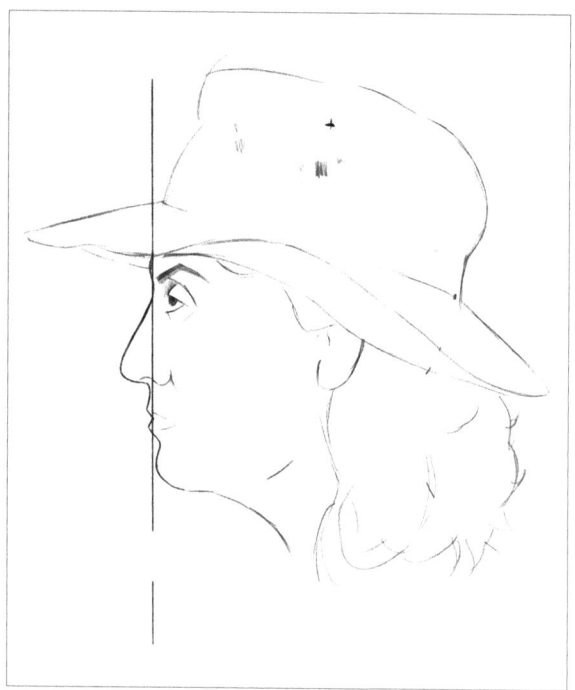

6 Traza rápido el dibujo restante para contar con todos los elementos antes de dedicarte a los detalles.

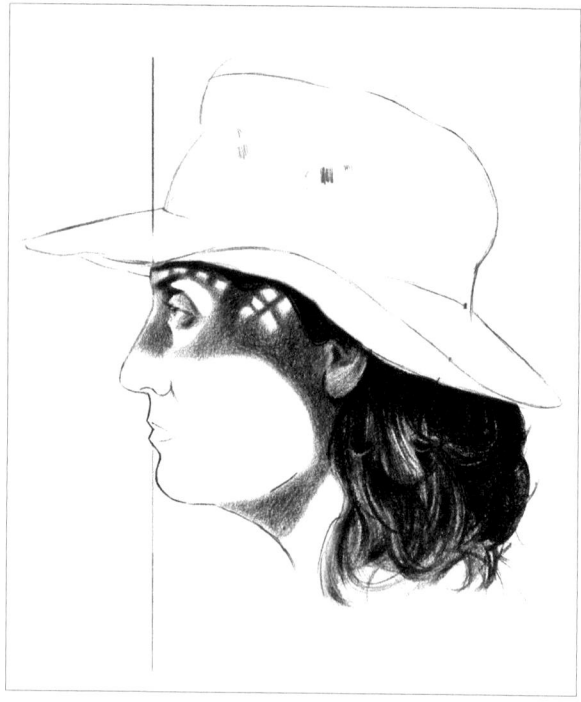

7 Puesto que estaba trabajando al aire libre bajo fuertes rayos de sol, dibujé las sombras tal y como se proyectaban, creando delicados contornos en la cara. El sol se mueve sorprendentemente rápido y, en un corto tiempo, la sombra habrá cambiado. El siguiente paso fue añadirle el pelo.

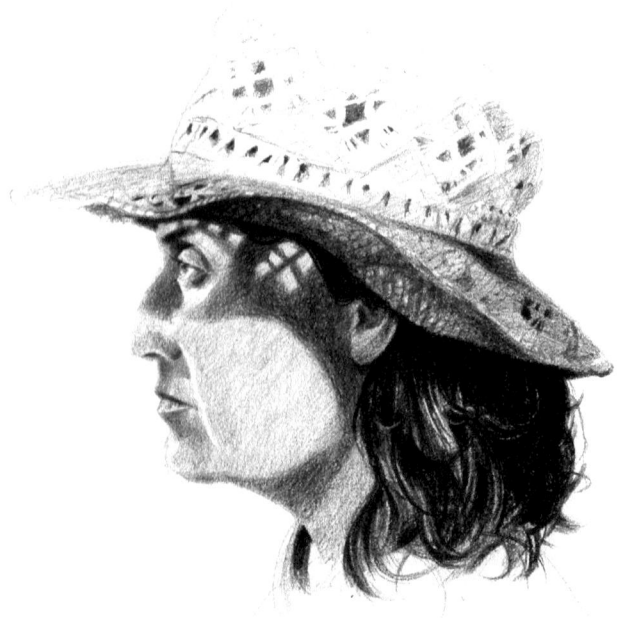

8 Por último, acabé la cara y los detalles del sombrero. En el caso de los detalles no se puede hablar de atajos ni de recortar tiempo, puesto que requieren una minuciosa observación y, cuanto más entrenes el ojo, más aprenderás a ver.

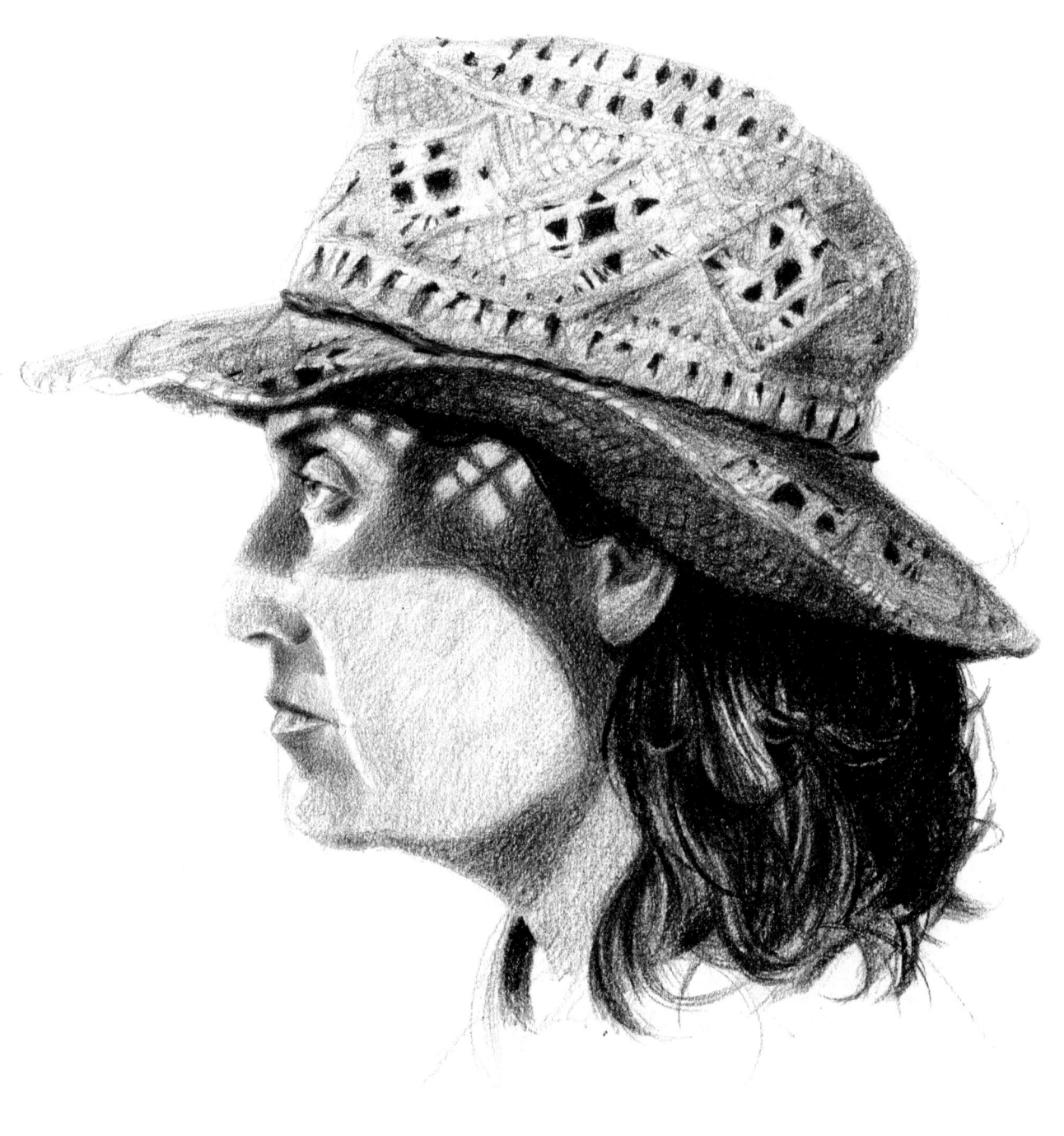

El dibujo acabado

Retrato de Clelia en la Toscana. *Te recomiendo que dibujes al natural en lugar de copiar una fotografía. Si dibujas a partir de una imagen plana solo aprenderás a calcar, pero si dibujas al natural desarrollarás las capacidades de observación. Preferiría que hicieses un dibujo con fallos pero al natural, que una bella copia de una fotografía.*

Manos y pies

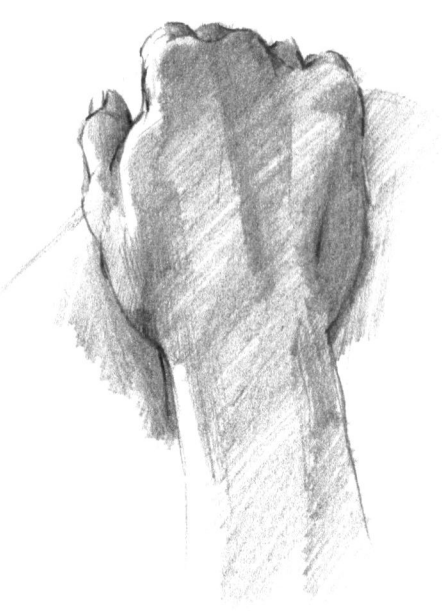

Siempre representa un reto el dibujar las manos y los pies, ya que cada uno es diferente, tienen una forma peculiar, son delicados y realizan gestos. En las páginas 91-95 encontrarás una selección de estudios que he extraído de mis blocs de dibujo. Están dibujados al natural y, pese a que la elección de los medios varía entre el lápiz de grafito, el bolígrafo y el carboncillo y los estilos también son divergentes, el enfoque siempre es el mismo.

Es extremadamente difícil para un modelo aguantar la misma pose de manos sin moverse un ápice, por lo que conviene captar la forma básica lo antes posible y después ir mejorando el dibujo, añadiendo los detalles al progresar. No caigas nunca en la trampa de dibujar un dedo con todos sus detalles, sin haber hecho antes el esbozo de todo el dibujo y haber resuelto los problemas de proporción y escorzo.

El modo más fácil y preciso de plasmar el gesto de una mano es hacer una cuadrícula o una forma de caja en la que anclar el dibujo e ir resolviendo los problemas estructurales.

EJERCICIO DE COMPOSICIÓN DE UNA MANO

Ahora te voy a acompañar en un sencillo ejercicio, indicado paso a paso para el dibujo de una mano al natural.

Primero elige el medio; en este caso yo me he decantado por un bolígrafo, pero quizás a ti te apetezca más usar un lápiz HB o 2B sobre un papel de dibujo.

No hagas los trazos muy pequeños, ya que un tamaño reducido dificulta el dibujar los detalles. En este caso, lo hice un poco menor del tamaño real.

Antes de empezar, asegúrate de que la luz que se proyecte sea interesante y que te aporte sombra y reflejos.

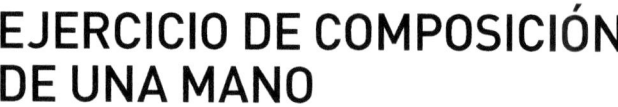

I En esta pose de mano en concreto, empecé indicando el ángulo de los nudillos, del dedo índice y la parte superior de la mano, dibujando solo unas líneas a modo de orientación para mi cuadrícula. No aprietes mucho en esta fase, ya que tendrás que borrar posteriormente estas líneas que te han servido de andamio. Para que se viese bien, en esta demostración he hecho los trazos bastante fuertes.

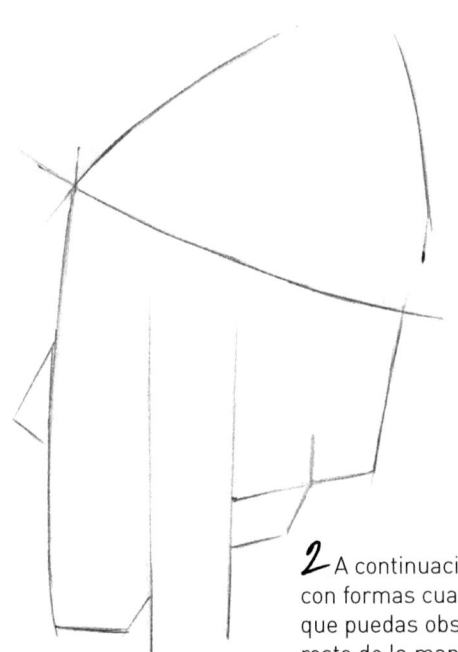

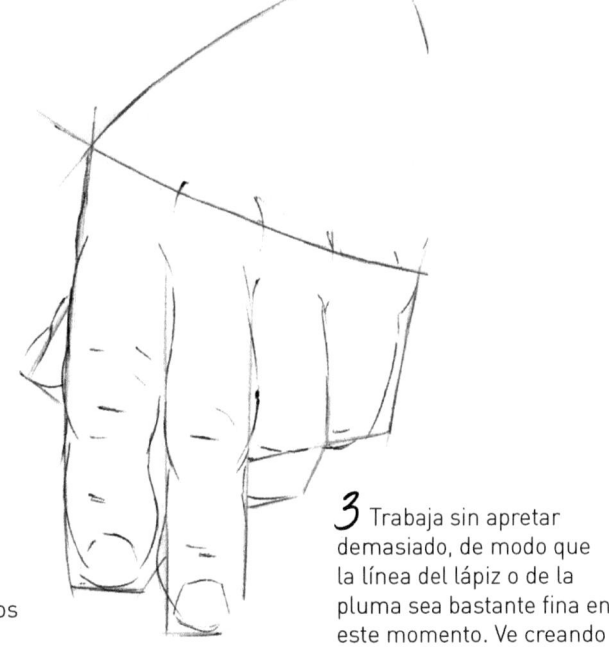

2 A continuación, traza con formas cuadradas lo que puedas observar del resto de la mano: los dedos y el pulgar. Midiendo al ir avanzando, recurriendo a los métodos explicados anteriormente, irás estableciendo las proporciones y la distancia entre los dedos con precisión. Medir es siempre un tema espinoso para los artistas, ya que a la mayoría no les gusta tener que realizar este paso, pero es esencial y vital para entrenar el ojo y el cerebro. Incluso el ojo más experimentado puede cometer errores, así que te recomiendo trabajar con esta especie de cuadrícula, dibujándola o, como mínimo, proyectándola mentalmente.

3 Trabaja sin apretar demasiado, de modo que la línea del lápiz o de la pluma sea bastante fina en este momento. Ve creando la estructura poco a poco, añadiendo las divisiones de los dedos, las articulaciones y las uñas. En este momento todavía puedes enmendar y ajustar el dibujo. Cuando se traza la forma humana no existe una línea completamente recta, de modo que, sean como sean de sutiles los contornos, intenta captarlos utilizando las líneas cuadradas que ya habías trazado antes a modo de orientación. Por ejemplo, pregúntate si el detalle que estás dibujando queda dentro o fuera de las líneas cuadradas.

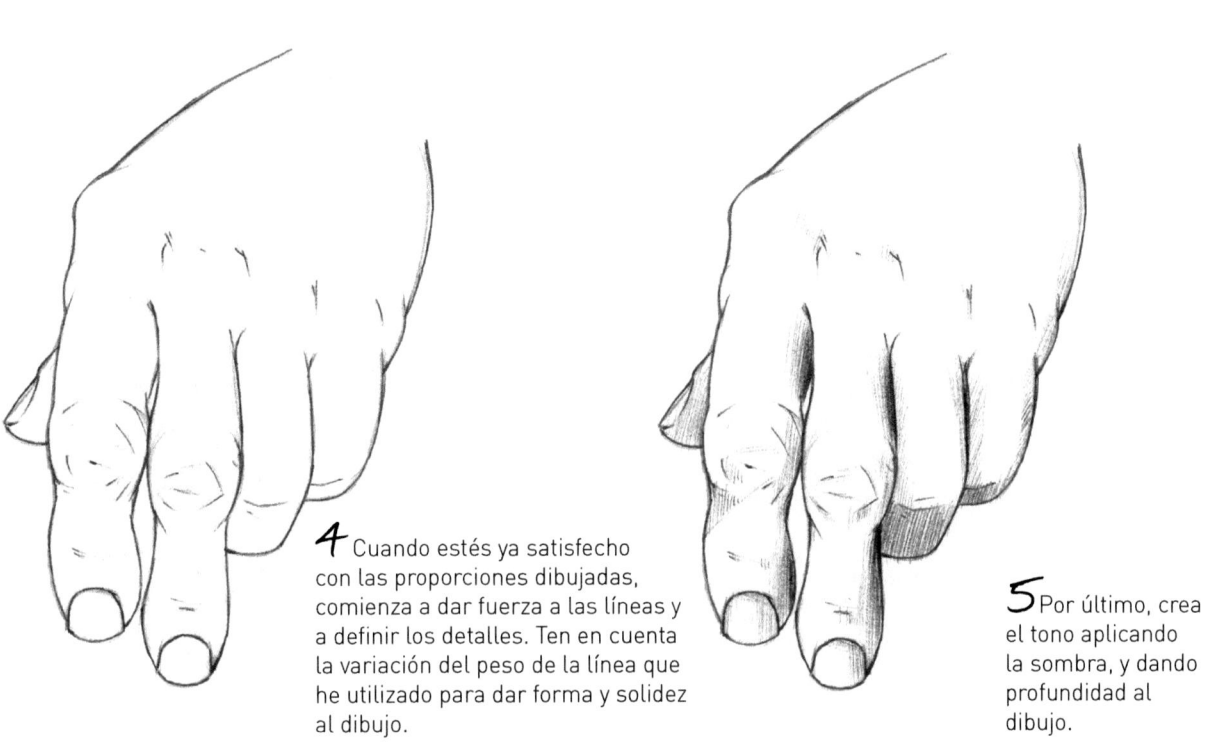

4 Cuando estés ya satisfecho con las proporciones dibujadas, comienza a dar fuerza a las líneas y a definir los detalles. Ten en cuenta la variación del peso de la línea que he utilizado para dar forma y solidez al dibujo.

5 Por último, crea el tono aplicando la sombra, y dando profundidad al dibujo.

DEDOS DE LA MANO

Los dedos de la mano y los del pie al dibujarse a veces
quedan raros, extraños, pero cuando incluyas las uñas
al espectador le será mucho más fácil ver los dígitos y
determinar el ángulo de la mano o del pie. Por ello es tan
importante dibujarlos bien. La perspectiva también es
aplicable a las uñas, tanto como al resto de la mano. Si no
estás seguro, utiliza el método de las líneas rectas para
ayudarte a evaluar el ángulo de la uña.

DEDOS QUE NO SE OBSERVAN

Si un dedo queda parcialmente tapado por otro, asegúrate
de que la parte visible del dedo esté en el lugar y el ángulo
correctos. Imagínate que el dedo que lo está obstruyendo
fuese transparente —¡sí!, ¡los artistas tenemos el poder de
ver a través de todo! — y dibuja en tu mente el dedo que
prácticamente no se ve, con el fin de ayudar a colocar la parte
visible del dedo y el nudillo de la manera correcta.

ESCORZO

Las manos y los pies casi siempre se observan en escorzo, y
la verdad es que tienen un tamaño mucho mayor de lo que
creemos, así que hay que hacer referencias cruzadas para
medirlos. Puede que la mano parezca tan grande o incluso
más que la cabeza, en una posición de escorzo extremo.
Pensemos en el famoso póster de reclutamiento de la Primera
Guerra Mundial atribuido a Lord Kitchener, Secretario de
Defensa de Gran Bretaña, y en el que decía: «¡Tu país te
necesita!».

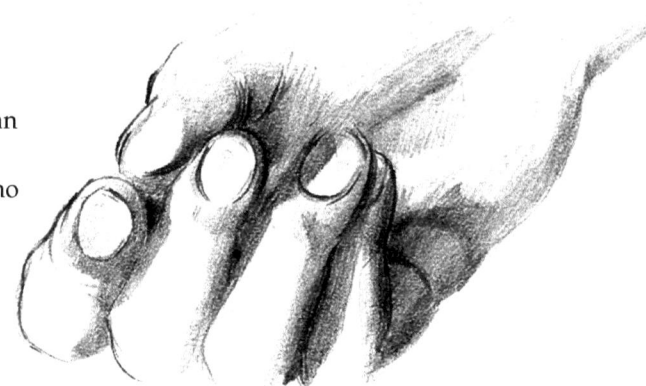

Mi versión del póster de
Tu país te necesita.

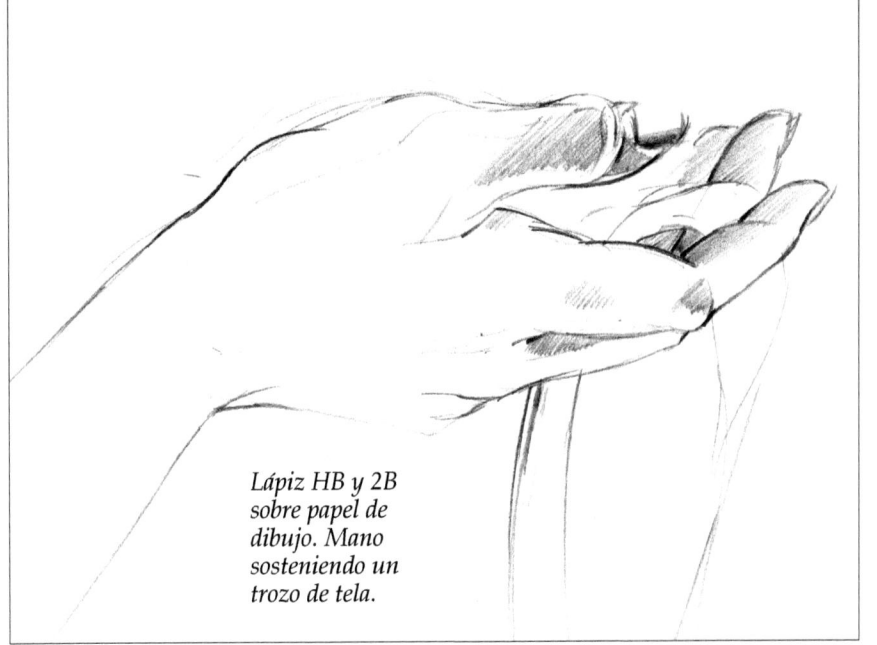

Lápiz HB y 2B sobre papel de dibujo. Mano sosteniendo un trozo de tela.

Lápiz HB sobre papel de dibujo.

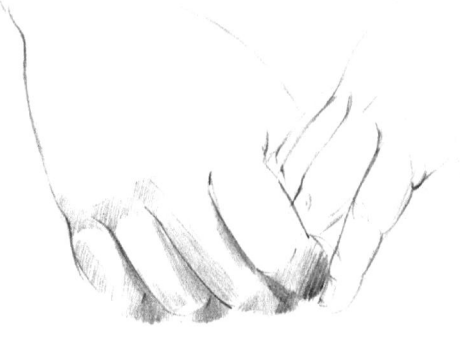

Lápiz 2B sobre papel de dibujo. Observa la diferencia en el peso de la línea para dar sensación de profundidad.

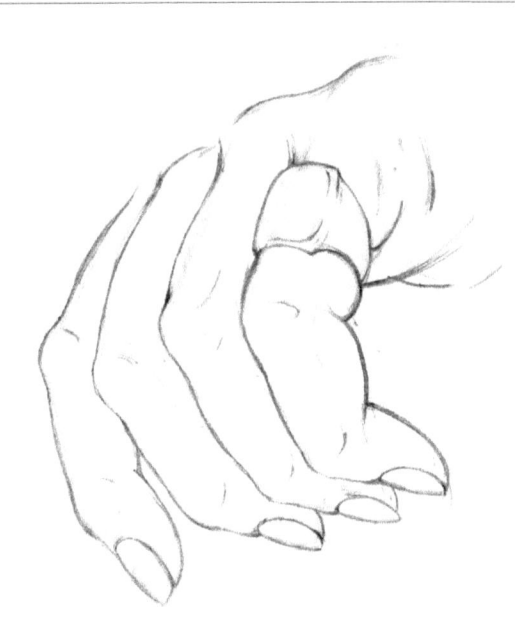

Lápiz HB sobre papel de dibujo. Los anillos representan siempre un detalle interesante en el dibujo de una mano.

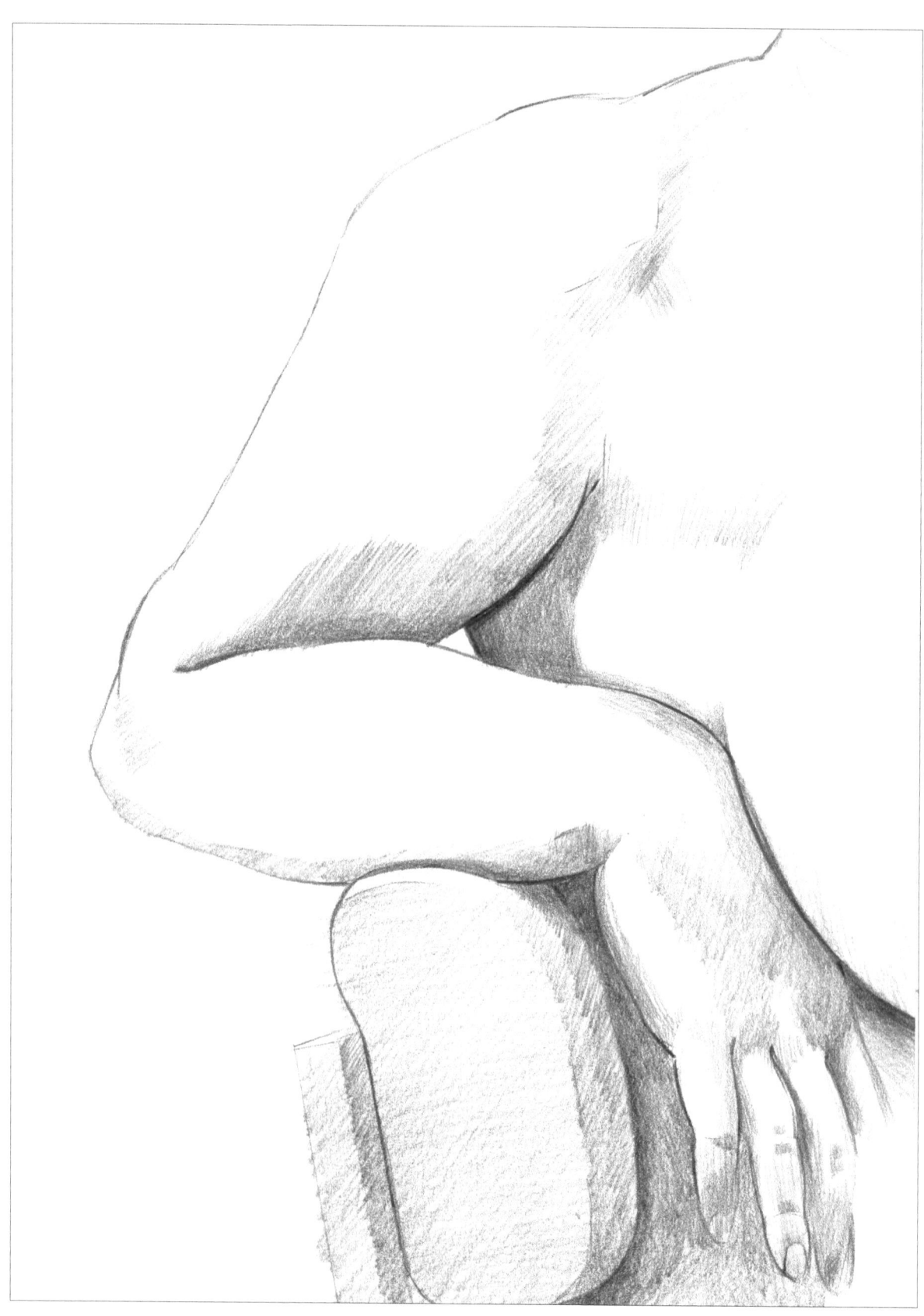

El dibujo cuenta con diferentes pesos en las líneas y diversos sombreados para crear forma. Además, al incluir la silla, también he aportado profundidad al dibujo.

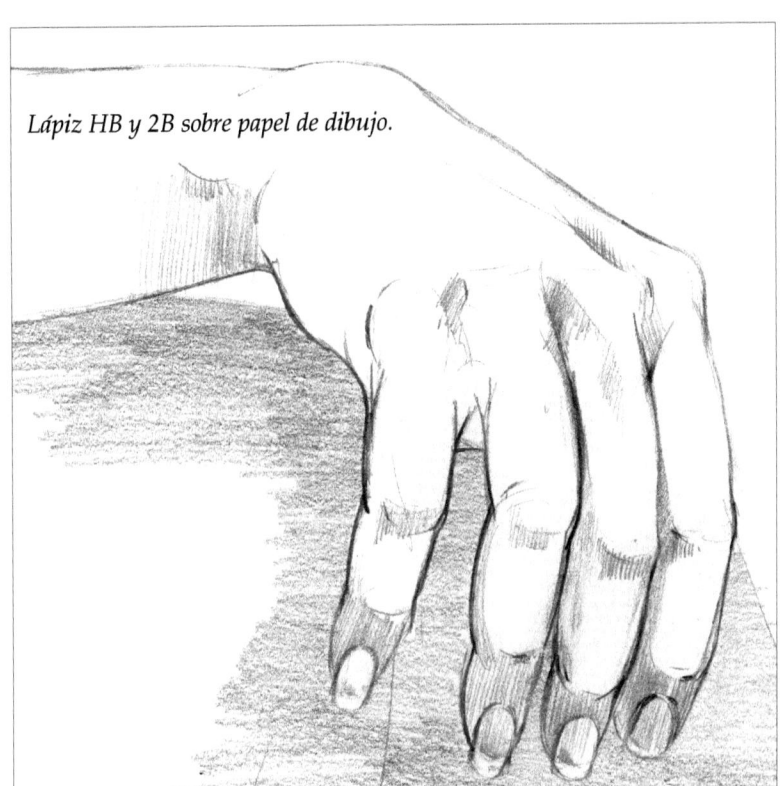

Lápiz HB y 2B sobre papel de dibujo.

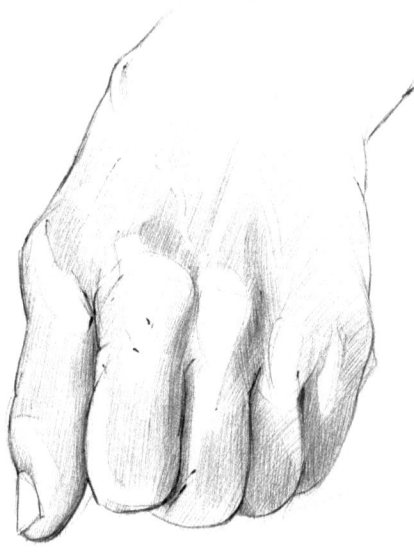

Bolígrafo sobre papel de dibujo liso. Con un ligero toque puedes conseguir líneas sutiles y variedad de pesos si utilizas un bolígrafo.

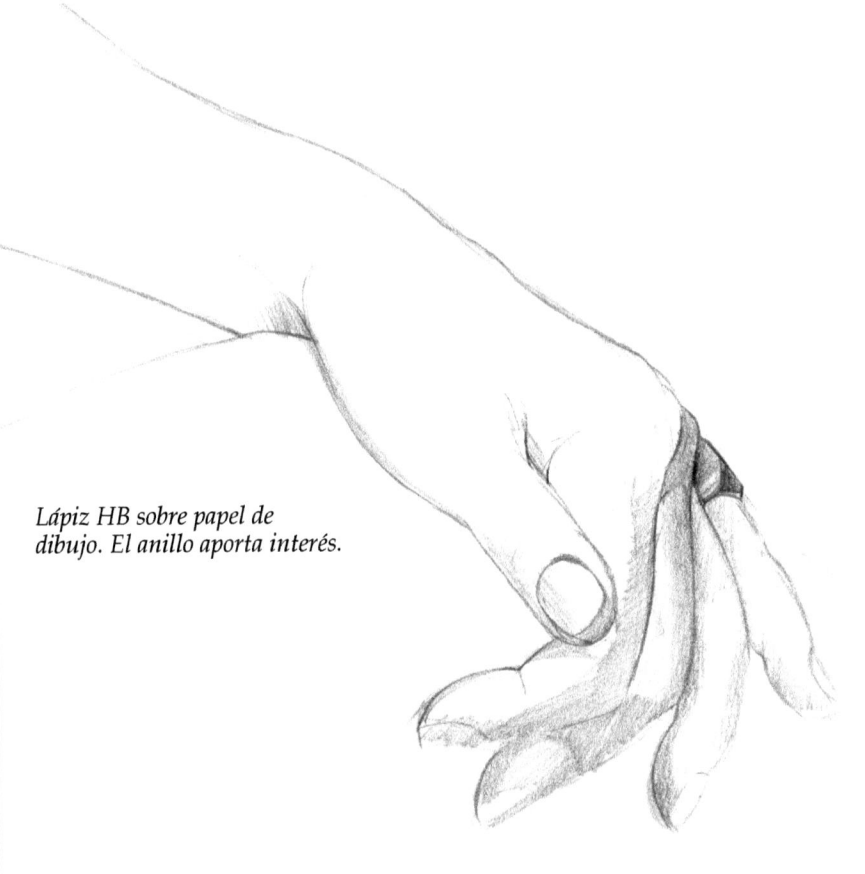

Lápiz HB sobre papel de dibujo. El anillo aporta interés.

PIES

He utilizado el mismo método de composición para dibujar el pie. Muchos pies tienen juanetes, distintas formas de las plantas y los dedos suelen ser muy desiguales o aparecen encogidos, de modo que, sin duda, es una parte del cuerpo que presenta muchos desafíos para el dibujante.

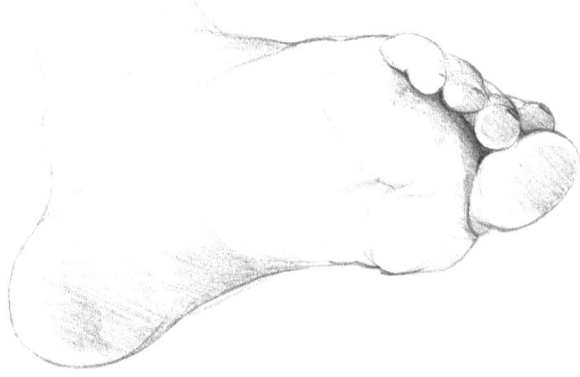

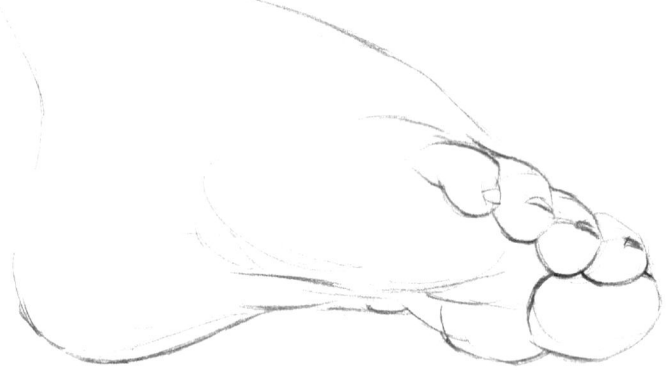

Lápiz HB sobre papel de dibujo. Pie con juanete y dedos desplazados.

Lápiz HB sobre papel de dibujo.

HB sobre papel de dibujo. Vista lateral de un pie.

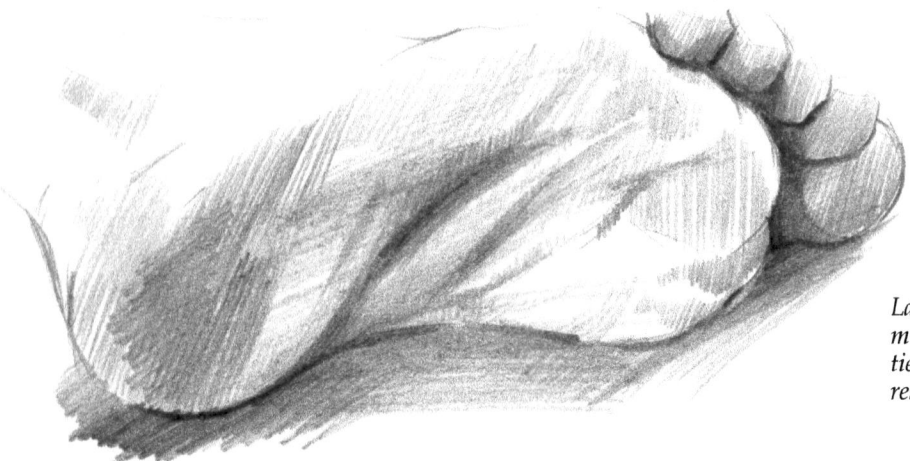

La planta del pie es muy complicada, ya que tiene pocos rasgos que resalten.

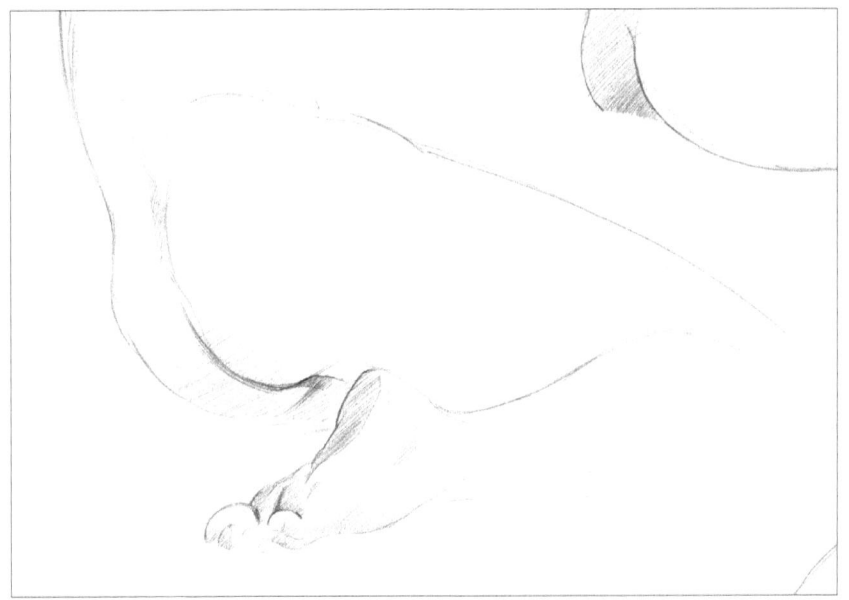

Lápiz HB sobre papel de dibujo.

Pie en escorzo dibujado con lápices HB y 2B.

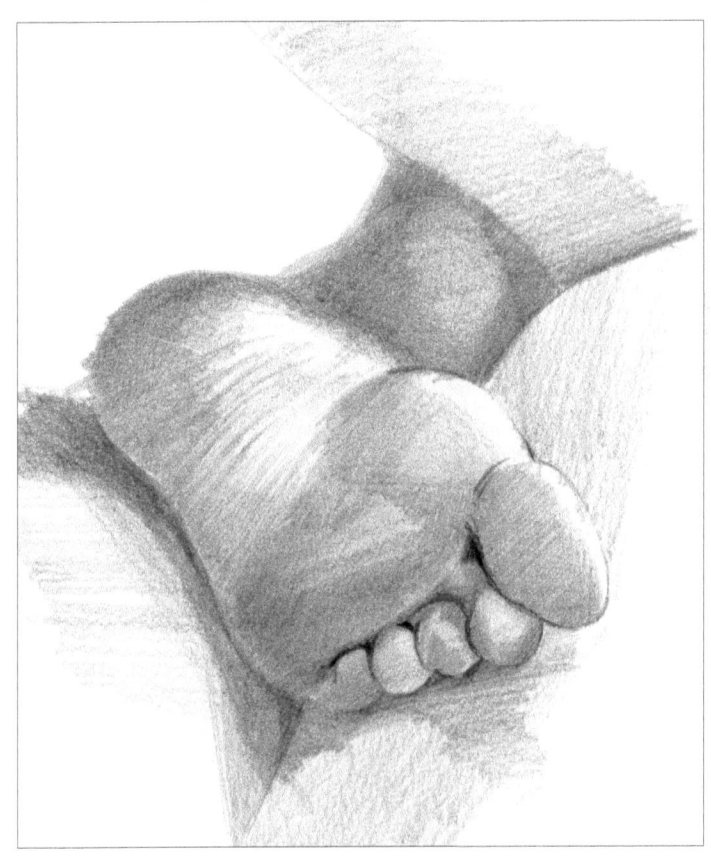

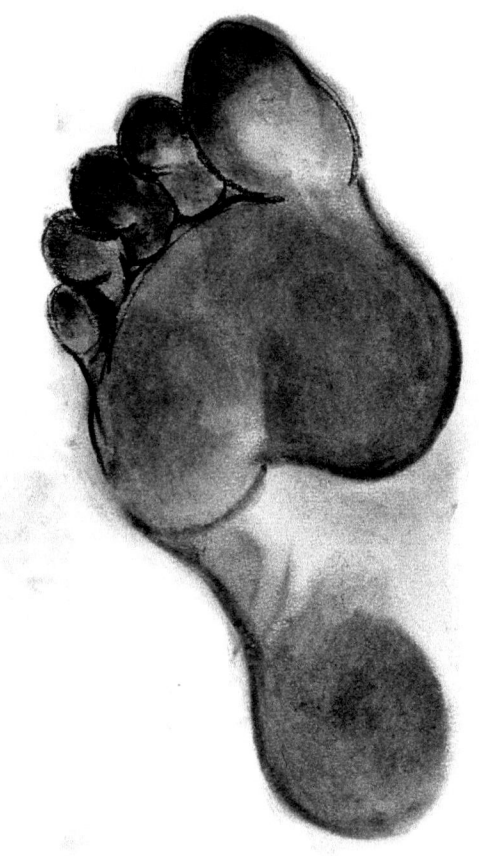

Carboncillo sobre papel de dibujo granulado.

Índice alfabético

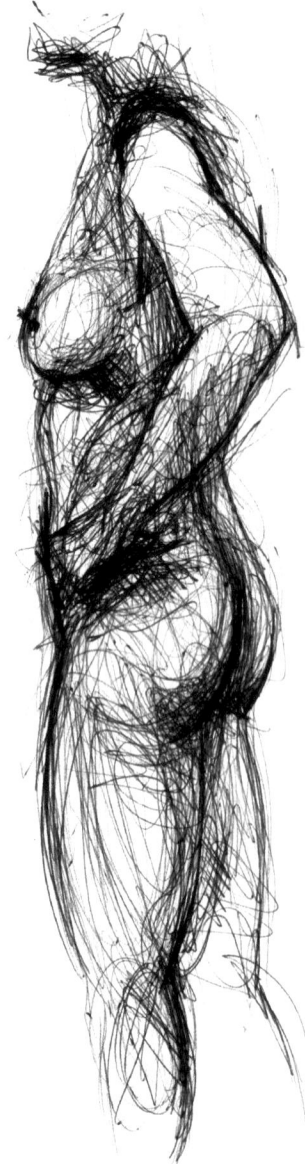